跟 我 学 汉 语

练习册 第一册

Learn Chinese with Me
Workbook 1

Printed in China

人民教育出版社

People's Education Press

跟我学汉语

练习册　第一册

*

人民教育出版社 出版发行

网址:http://www.pep.com.cn

北京四季青印刷厂印装　全国新华书店经销

*

开本:890 毫米×1 240 毫米　1/16　印张:10.5　插页:16

2003 年 11 月第 1 版　2011 年 2 月第 11 次印刷

印数:72 501~82 500

ISBN 978-7-107-17086-7

G·10176（课）　定价:43.00 元

如发现印、装质量问题,影响阅读,请与本社出版科联系调换。

（联系地址:北京市海淀区中关村南大街 17 号院 1 号楼　邮编:100081）

Printed in the People's Republic of China

教材项目规划小组

　　　　　　严美华　姜明宝　张少春

　　　　　　岑建君　崔邦焱　宋秋玲

　　　　　　赵国成　宋永波　郭　鹏

主　　编　陈　绂　朱志平

编写人员　朱志平　徐彩华　娄　毅

　　　　　　宋志明　陈　绂

英文翻译　李长英

责任编辑　常志丹

审　　稿　王本华　吕　达

美术编辑　张立衍

插图制作　北京天辰文化传播公司

说　明

　　本练习册与《跟我学汉语》第一册学生用书相配套，主要作为学生课后作业使用，老师也可有选择地在课堂上使用。本练习册一共有36课，各课设6~8道练习题，内容覆盖汉语拼音、汉字、课文词汇及句型等。由于适用对象是初学者，所以编写本练习册时贯彻了以下几条原则：

　　1. 强调汉语拼音的学习。与课文相配套，每课都设有汉语拼音的练习，即使在拼音基本知识学完后，仍然重复循环前面的知识，进行辨音、声调等练习。

　　2. 汉字练习先认读后练写。本练习册与课文相配套，逐步练习汉字的基本结构、基本笔画、最常用部件、笔顺等知识，在此过程中，坚持先练习汉字的认读，然后渐进地练习写汉字。

　　3. 本练习册注重汉语知识的完整性与系统性的同时，也突出了练习的趣味性。

Introduction

In accordance with "Learn Chinese with Me" Student's Book I, this workbook is mainly designed for homework, but the teacher can also choose some exercises for class teaching. There are altogether 36 lessons, each of which contains 6-8 exercises, including exercises on *Pinyin*, Chinese characters, vocabulary and sentence patterns. Since this workbook is planned for beginners, we have always been keeping the following principles in mind when compiling it:

1. Emphasizing the learning of the *Pinyin*. Following the same teaching sequence in the textbook, this workbook contains exercises on the *Pinyin* in each lesson. Even if the study of the basic knowledge of *Pinyin* is concluded, such exercises as recognizing the sound, practicing the tones can still help the students recall what they have learned, as they recycle the teaching points of the previous units.

2. Identifying and pronouncing Chinese characters first, and writing them second. Following the same teaching sequence in the textbook, this workbook can help the students gradually obtain the knowledge of basic structures, basic strokes, the most commonly used components, and the stroke order of Chinese characters. During this process, the recognition and reading of Chinese characters always precede the writing of Chinese characters.

3. This workbook tried to make the exercise interesting, when the knowledge of Chinese Language has been compiled in an integrated and systematical way.

CONTENTS

Unit One

School, Classmates and Teachers

1 你 好
nǐ hǎo

1. **Exercises on *Pinyin*.**

   (1) Fill in the blanks with initials according to the cues in the box.

   | dà jiào wáng |
   | jiā nǐ hǎo wǒ |
   | dé wēng nǔ |

   _____d_____ à

   _____ ǎo   _____ ǐ

   _____ iā   _____ iào

   (2) Fill in the blanks with finals and tones according to the cues in the box.

   | dà jiào wǒ jiā |
   | nǐ hǎo wáng |
   | wēng nà guāng |

   g _____uāng_____   n _____

   j _____   h _____

   n _____   d _____

   (3) Decide whether the following *Pinyin* are true or false according to the text.

   jiā _____T_____

   wáng _____   jào _____

   míng _____   wó _____

   (4) Supply tones for the following *Pinyin* according to the text.

   ni _____nǐ_____   hao _____

   wo _____   jiao _____

2. Read aloud the following *Pinyin*.

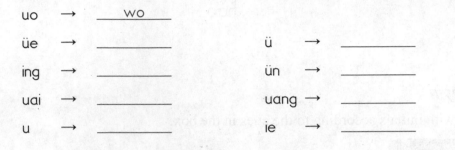

| wáng | míng | nǐ | jiā | hǎo | jiào | dà |
| yǎn | wú | zhū | rǎn | chǐ | xíng | háng |

3. Rewrite the following finals according to the rules of *Pinyin*.

uo   →   <u>wo</u>

üe   →   _____   ü   →   _____

ing   →   _____   ün   →   _____

uai   →   _____   uang →   _____

u   →   _____   ie   →   _____

4. Complete the following dialogues.

Example

Nǐ hǎo!
<u>Wǒ jiào</u> Wáng Jiāmíng.

Nǐ hǎo!
_____ Dàwèi.

(1)

(2)

_____
Wǒ jiào Mary.

_____
Wǒ jiào Jack.

(3)

5. Mark the *Pinyin* with a color pen.

n	a	j	x	w	a	o	g	h	w
ǎ	ǐ	w	W	á	n	g	d	ǒ	i
o	P	h	i	á	j	i	ā	u	a
l	u	o	ǎ	H	n	i	y	a	u
x	Y	l	g	o	à	g	u	o	e
n	k	J	w	ǒ	s	h	d	t	e
f	l	i	d	á	c	h	a	o	j
q	a	à	w	è	i	l	i	u	h

6. Mark the *Pinyin* of the words you have learned with a color pen.

bō, máng, fēng, pái, dé, nǐ, yáng, jiāo, luō, wǒ, jiào, jiā
gāng, huáng, kè, jiā, xiǎo, làn, guà, jiào, liú, nì, wèi, zěn
wēng, cóng, chuǎng, rǎn, zhà, shū, míng, wǒ, suí, qiē, yīng
wáng, wō, yáng, jià, míng, méng, nǎ, mǐ, hǎo, pā, jiāo

2 再 见
zài   jiàn

1. **Exercises on *Pinyin*.**

   (1) Fill in the blanks with initials according to the cues in the box.

   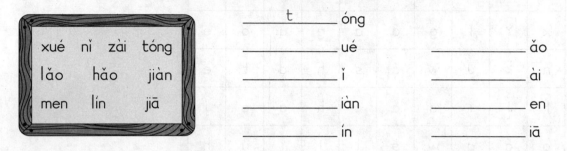

xué	nǐ	zài	tóng
lǎo	hǎo	jiàn	
men	lín	jiā	

   _____t_____ óng

   _____ ué   _____ ǎo

   _____ ǐ   _____ ài

   _____ iàn   _____ en

   _____ ín   _____ iā

   (2) Fill in the blanks with finals and tones according to the cues in the box.

xué	nǐ	zài	tóng
shì	hǎo	jiàn	men
lín	jiā	wǒ	

   z _____ài_____

   l _____   m _____

   j _____   w _____

   j _____   t _____

   n _____   h _____

   x _____   sh _____

   (3) Decide whether the following *Pinyin* are true or false according to the text.

   nǐ hào _____F_____

   tóngxué _____   láoshī _____

   xià kè _____   zǎijiàn _____

   xiǎnzài _____   shàng kè _____

   (4) Supply tones for the following *Pinyin* according to the text.

   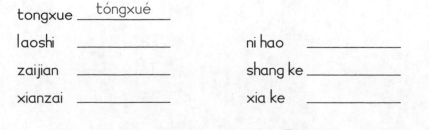

   tongxue _tóngxué_

   laoshi _____   ni hao _____

   zaijian _____   shang ke _____

   xianzai _____   xia ke _____

2. Match the initials with the finals according to the rules of *Pinyin* and add tones to these combinations.

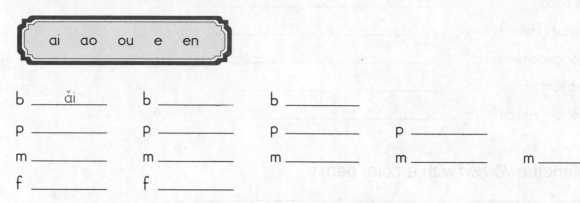

| ai | ao | ou | e | en |

b ___ǎi___   b _____   b _____
p _____   p _____   p _____   p _____
m_____   m _____   m_____   m _____   m _____
f _____   f _____

3. Match the Chinese with the English translation.

tóngxué	see you
lǎoshi	classmate
zàijiàn	a suffix
men	teacher
jiào	good
hǎo	call

4. Fill in the blanks with *Pinyin*.

(1)   (2)

A: Nǐ hǎo!   A: Tóngxuémen hǎo!
B: _____   B: Lǎoshi _____ !
A: Zàijiàn!   A: Tóngxuémen zàijiàn!
B: _____   B: Lǎoshi _____ !

5. Do you know what the following sentences mean?

Nǐ hǎo! _____

Lǎoshī hǎo! _____

Tóngxuémen hǎo! _____

Zàijiàn! _____

Lǎoshī zàijiàn! _____

6. Mark the *Pinyin* with a color pen.

l	g	h	s	z	n	t	y	w	i	z
m	ǎ	x	f	c	n	ó	ch	e	h	u
n	g	o	e	u	l	n	zh	o	n	g
t	l	b	sh	i	k	g	j	r	h	r
d	y	o	ī	á	f	k	u	j	y	r
p	f	ù	h	i	x	u	é	m	o	h
ch	u	n	l	u	c	z	à	i	e	I
q	j	i	à	n	p	w	n	g	t	n

7. Mark the *Pinyin* of the words you have learned with a color pen.

bèi, mèi, fēn, bēng, men, péng, móu, póu, hǎo
fáng, nián, nà, nǐ, lán, lù, lā, nù, lín, láng, nào
téng, dòng, tóng, tán, tiān, dà, dūn, tūn, tuān
zài, zǎi, shī, shè, zhì, chī, chū, jiān, jiàn, jiā

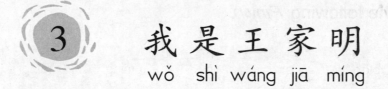

3　我是王家明

wǒ　shì　wáng　jiā　míng

1. Exercises on *Pinyin*.

(1) Fill in the blanks with initials according to the cues in the box.

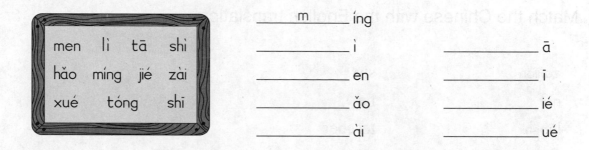

men	li	tā	shì
hǎo	míng	jié	zài
xué	tóng	shì	

_____m_____íng

_____ì　　　　　_____ā

_____en　　　　_____ì

_____ǎo　　　　_____ié

_____ài　　　　_____ué

(2) Fill in the blanks with finals and tones according to the cues in the box.

tā	shì	jiào	lǎo
wǒ	jiàn	jiā	nǐ
wèi	míng	lì	mǎ

j_____iā_____

t_____　　　　l_____

sh_____　　　j_____

j_____　　　　w_____

sh_____　　　l_____

(3) Supply tones for the following *Pinyin* according to the text.

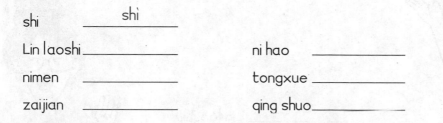

shi _____shì_____

Lin laoshi_____　　　ni hao _____

nimen _____　　　　tongxue _____

zaijian _____　　　　qing shuo_____

2. Read aloud the following *Pinyin*.

biē	biāo	pín	pǔ	míng	mìng
pī	bǐ	biān	bīn	piǎn	píng
miǎo	mǐ	bù	mǔ	miè	bǐng

3. Match the Chinese with the English translation.

zàijiàn	she
nǐ	he
lǎoshī	teacher
tā	goodbye
tā	you
shì	be

4. Fill in the blanks with *Pinyin*.

Example

Wǒ shì Wáng Jiāmíng.

(1)

_____ Lín lǎoshī.

8

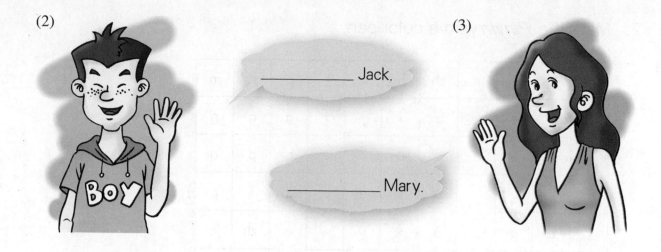

(2)

_____ Jack.

_____ Mary.

(3)

5. Complete the following dialogue with the words in the box.

| nǐ shì tā lín zài jiàn lǎoshī |

Mary: Lín lǎoshī hǎo, wǒ _____ Mary.

Lín lǎoshī: _____ hǎo, Mary! Tā shì Wáng jiāmíng, _____ shì Linda.

Mary: Nǐmen hǎo!

Wáng Jiāmíng、Linda: _____ hǎo!

Lín lǎoshī: Tóngxuémen zàijiàn.

Wáng Jiāmíng、Linda、Mary: _____ .

6. Mark the *Pinyin* of the words you have learned with a color pen.

| bǐshì, quán guó, xuéxiào, tóngxué, guójiā |
| xìngfú, lǎoshī, lǎomài, yǒulǐ, tuánjié |
| wòxuán, yìqǐ, nǐ hǎo, wánchéng, lǐyóu |
| zàijiàn, gùyì, zuòyè, xià kè, tóngyì |
| zìzài, zìrán, chūjí, shìjiè, rán'ér |

7. Mark the *Pinyin* with a color pen.

d	t	u	r	zh	h	k	t	o	n	m
e	ā	e	z	à	i	j	i	à	o	g
n	sh	ó	u	d	u	r	é	b	p	q
m	k	L	í	n	l	ǎ	o	sh	ī	p
f	e	g	a	á	x	y	w	e	zh	c
k	t	d	sh	u	j	y	o	q	i	ch
j	i	à	n	p	o	i	f	p	d	j
l	b	k	g	b	a	m	ā	f	w	m
r	zh	t	s	e	j	n	g	n	t	ǒ

4 谢 谢
xiè xie

1. Exercises on *Pinyin*.

(1) Fill in the blanks with initials according to the cues in the box.

shén	me	míng
kè	qi	xiè
bù	xué	men	jié

_____ <u>j</u> _____ ié

_____ én   _____ íng

_____ iè   _____ è

_____ e   _____ en

_____ i   _____ ué

(2) Fill in the blanks with finals and tones according to the cues in the box.

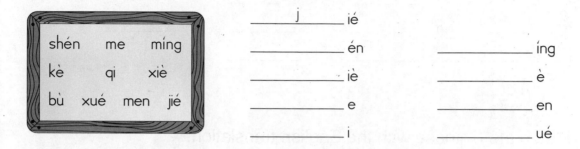

tóng	shén	me
zài	kè	qi	xiè
men	zi	jiào

z _____ <u>ài</u>

sh _____   m _____

t _____   x _____

z _____   q _____

k _____   j _____

(3) Decide whether the following *Pinyin* are true or false.

deǐg _____ <u>F</u> _____

bái _____   baǒ _____

pìan _____   biǎn _____

deǐg _____   dǒng _____

(4) Supply tones for the following *Pinyin* according to the text.

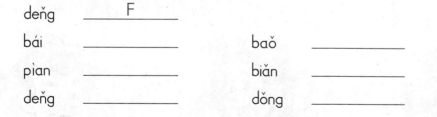

xiexie _____ <u>xièxie</u> _____

shenme _____   mingzi _____

ni hao _____   zaijian _____

nimen _____   tamen _____

2. Match the initials with the finals according to the rules of *Pinyin* and add tones to these combinations.

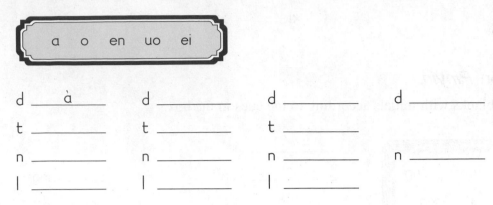

| a | o | en | uo | ei |

d ___à___   d _____   d _____   d _____
t _____   t _____   t _____
n _____   n _____   n _____   n _____
l _____   l _____   l _____

3. Match the Chinese with the English translation.

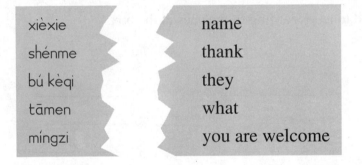

xièxie	name
shénme	thank
bú kèqi	they
tāmen	what
míngzi	you are welcome

4. Complete the following dialogues according to the pictures.

Example   (1)   (2)

Nǐ jiào ___shénme míngzi___ ?   Tā jiào shénme míngzi?   _____

Wǒ jiào Wáng Jiāmíng.   _____   Tā jiào Jack.

(3)

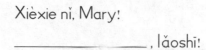

Xièxie nǐ, Mary!

_____ , lǎoshī!

5. Mark the *Pinyin* with a color pen.

t	b	l	r	x	y	sh
m	ú	s	ch	i	w	u
g	j	p	q	y	a	r
k	è	w	i	x	b	g
c	à	o	j	i	h	e
n	m	k	z	è	n	ǐ

6. Exercises on Chinese characters.

(1) Identify the " 一 " stroke in the following characters.

(2) Identify the " 丨 " stroke in the following characters.

(3) Identify the " 丶 " stroke in thc following characters.

5 她们是学生吗

tā men shì xué sheng ma

1. Exercises on *Pinyin*.

(1) Fill in the blanks with initials according to the cues in the box.

shēng	kè	lǎo
shū	xiào	zhǎng
men	ma	lín	xiè

_____x_____ iè

_____ ǎng   _____ a

_____ iào   _____ è

_____ en   _____ ū

_____ ǎo   _____ ēng

(2) Fill in the blanks with finals and tones according to the cues in the box.

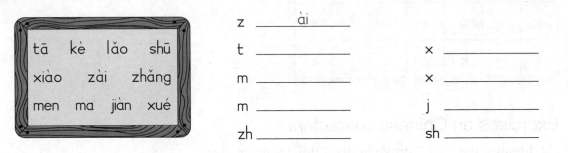

tā	kè	lǎo	shū
xiào	zài	zhǎng	
men	ma	jiàn	xué

z _____ài_____

t _____   x _____

m _____   x _____

m _____   j _____

zh _____   sh _____

(3) Supply tones for the following *Pinyin* according to the text.

tamen _____tāmen_____   zaijian _____

ma _____   laoshi _____

xiexie _____   xuesheng _____

tongxue _____   xiaozhang _____

2. Match the initials with the finals according to the rules of *Pinyin* and add tones to these combinations.

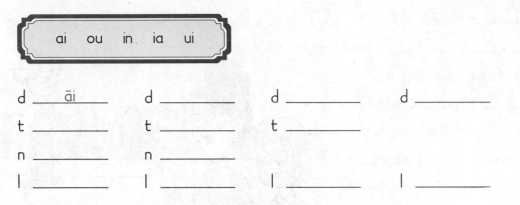

ai   ou   in   ia   ui

d ___āi___   d _____   d _____   d _____

t _____   t _____   t _____

n _____   n _____

l _____   l _____   l _____   l _____

3. Match the Chinese with the English translation.

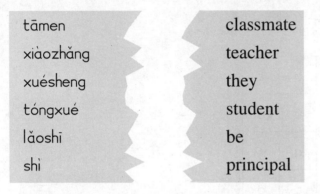

tāmen	classmate
xiàozhǎng	teacher
xuésheng	they
tóngxué	student
lǎoshī	be
shì	principal

4. Complete the following dialogues with the words in the box.

(1)

bù   shì   hǎo   nǐ   ma

A: _____ _____

B: Nǐ hǎo!

A: Nǐ shì xuésheng ma?

B: _____ , wǒ shì xuésheng. Nǐ shì xiàozhǎng _____ ?

A: Bù, wǒ _____ _____ xiàozhǎng.

(2)

| shì | jiào | hǎo | nǐ | bù |

A: Nǐ hǎo, Lín lǎoshī!

B: _____ _____ , nǐ

jiào shénme míngzi?

A: Wǒ _____ Linda. Tā

_____ xiàozhǎng ma?

B: Shì, tā _____ xiàozhǎng.

A: Xièxie nǐ!

B: _____ kèqi!

5. Mark the *Pinyin* with a color pen.

p	d	k	è	k	x	l	o	t
b	r	j	h	o	a	i	u	d
ù	f	sh	e	n	g	b	à	j
u	n	é	h	j	d	s	g	o
g	m	n	h	r	q	p	k	ch
k	j	f	k	b	m	a	f	sh
s	n	m	a	i	u	e	k	x
n	z	h	ǎ	n	g	f	a	w

6. Exercises on Chinese characters.

(1) Identify the " ノ " stroke in the following characters.

(2) Identify the "㇏" stroke in the following characters.

(3) Identify the "→" stroke in the following characters.

好　　学　　家　　你

6 他们是我的朋友
tā men shì wǒ de péng you

1. **Exercises on *Pinyin*.**

    (1) Fill in the blanks with initials according to the cues in the box.

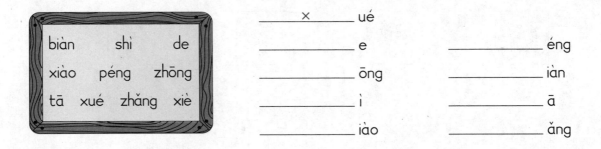

biàn	shì	de
xiào	péng	zhōng
tā	xué	zhǎng	xiè

_____x_____ ué

_____ e   _____ éng

_____ ōng   _____ iàn

_____ ì   _____ ā

_____ iào   _____ ǎng

    (2) Fill in the blanks with finals and tones according to the cues in the box.

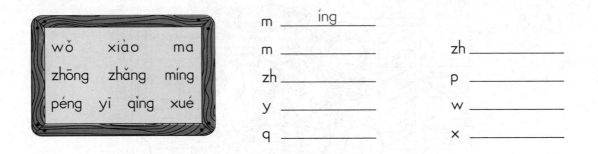

wǒ	xiào	ma
zhōng	zhǎng	míng
péng	yī	qǐng	xué

m _____íng_____

m _____   zh _____

zh _____   p _____

y _____   w _____

q _____   x _____

    (3) Decide whether the following *Pinyin* are true or false.

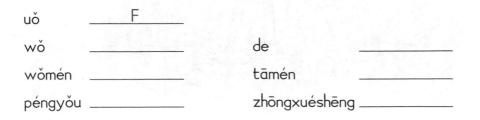

uǒ _____F_____

wǒ _____   de _____

wǒmén _____   tāmén _____

péngyǒu _____   zhōngxuéshēng _____

2. Match the initials with the finals according to the rules of *Pinyin* and add tones to these combinations.

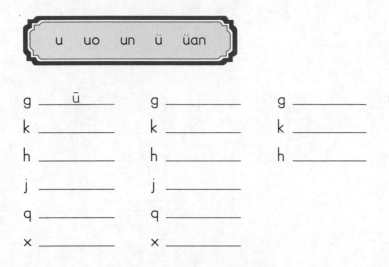

| u | uo | un | ü | üan |

g _____ū_____   g _____   g _____
k _____   k _____   k _____
h _____   h _____   h _____
j _____   j _____
q _____   q _____
x _____   x _____

3. Do you know what the following words mean?

wǒmen _____we_____

zhōngxuéshēng _____   péngyou _____

xiàozhǎng _____   xièxie _____

tóngxué _____   zàijiàn _____

4. Choose the correct responses.

Example

A: Nǐ hǎo, Wáng Jiāmíng!

B: _Nǐ hǎo, Lín lǎoshī!_

◆ Nǐ hǎo, Lín lǎoshī!

◆ Xièxie, Lín lǎoshī!

(1) A: Nǐ hǎo, wǒ jiào Dàwèi.

B: _____

◆ Nǐ hǎo, wǒ shì Mary.

◆ Nǐ hǎo, wǒ jiào Mary.

(2) A: Lǎoshī, zàijiàn!

B: _____

◆ Bú kèqi!

◆ Zàijiàn!

(3) A: Tā shì zhōngxuéshēng ma?

B: _____

◆ Bù, tā shì zhōngxuéshēng.

◆ Shì, tā shì zhōngxuéshēng.

(4) A: Xièxie nǐ, lǎoshī!

B: _____

◆ Zàijiàn!

◆ Bú kèqi!

5. **Complete the crossword of *Pinyin*.**

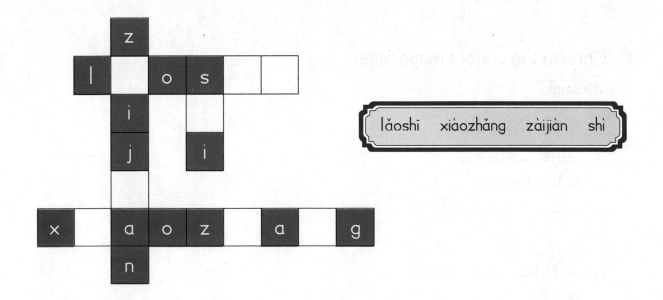

lǎoshi   xiàozhǎng   zàijiàn   shì

6. Mark the *Pinyin* of the words you have learned with a color pen.

j	g	x	z	i	u	ch	r	d	t	e
ch	t	d	y	l	n	c	p	t	h	j
r	ā	y	w	ǒ	m	g	é	r	g	k
y	m	o	q	n	e	i	n	o	q	o
w	e	h	sh	y	n	m	g	y	o	u
d	n	k	l	é	p	d	j	w	g	l
l	y	y	j	d	n	t	l	b	x	m
p	z	à	i	j	i	à	n	q	g	d
h	a	n	w	s	x	i	è	x	i	e
s	g	o	b	p	s	h	b	x	e	o

7. Exercises on Chinese characters.

(1) Identify the " 亅 " stroke in the following characters.

(2) Identify the " 乛 " stroke in the following characters.

（characters: 同　朋　明）

(3) Identify the " ⺀ " stroke in the following characters.

（characters: 玛　地　球）

(4) Can you write the basic strokes in Chinese characters?

héng 横 the horizontal stroke ＿一＿   shù 竖 the vertical stroke ＿＿＿

piě 撇 the down stroke to the left ＿＿＿   diǎn 点 the dot ＿＿＿

nà 捺 the down stroke to the right ＿＿＿   tí 提 the upward stroke to the right ＿＿＿

héng zhé 横折 the horizontal line and then a turning ＿＿＿

Unit Two

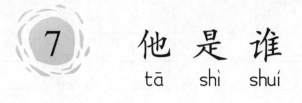

7　他　是　谁
　　　tā　shì　shuí

1. **Exercises on *Pinyin*.**

   (1) Fill in the blanks with initials according to the cues in the box.

hē　shuí　dǎ	
gǎn　qiú　lán	
liàn　jiào　péng	

   _____p_____ éng

   _____ uí　　　　　　_____ ǎ

   _____ iào　　　　　_____ án

   _____ iàn　　　　　_____ iú

   _____ ē　　　　　　_____ ǎn

   (2) Fill in the blanks with finals and tones according to the cues in the box.

shuí　dǎ　yě	
gǎn　qiú　lán	
liàn　jiào　zhǎng	

   zh ____ǎng____

   l _____　　　　　g _____

   q _____　　　　　j _____

   sh _____　　　　　d _____

   y _____　　　　　l _____

   (3) Complete the *Pinyin* of the following words.

   t ____óng____ xué

   jiàoli _____　　　　gǎnlǎn _____

   _____ qiú　　　　　péng _____

   l _____ shī　　　　_____ ài jiàn

2. Match the initials with the finals according to the rules of *Pinyin* and add tones to these combinations.

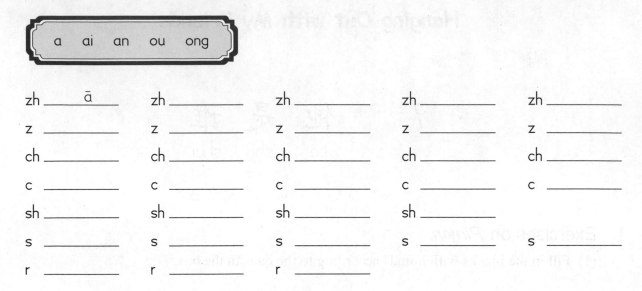

a   ai   an   ou   ong

zh ___ā___   zh _____   zh _____   zh _____   zh _____

z _____   z _____   z _____   z _____   z _____

ch _____   ch _____   ch _____   ch _____   ch _____

c _____   c _____   c _____   c _____   c _____

sh _____   sh _____   sh _____   sh _____

s _____   s _____   s _____   s _____   s _____

r _____   r _____   r _____

3. Translate the following words.

xuéxiào ___school___

dǎ _____   jiàoliàn _____

shuí _____   lánqiú _____

gǎnlǎnqiú _____   yě _____

4. Complete the following dialogues.

Example

Tā shì shuí?
Tā shì Lín lǎoshī.

(1)

Tā shì shuí?
_____

(2)

(3)

Tāmen zuò shénme?

_____

Tāmen dǎ pīngpāngqiú ma?

Shì, _____

5. Complete the following dialogues with the words in the box.

(1)

| shì | bù | ma | yě | dǎ |

A: Tā _____ shuí?

B: Tā _____ wǒ de péngyou Jiékè.

A: Tā dǎ lánqiú _____ ?

B: Shì, tā _____ lánqiú.

A: Nǐ _____ dǎ lánqiú ma?

B: Bù, wǒ _____ dǎ lánqiú.

(2)

| shì | de | yě | shuí |

A: Tā shì _____ ?

B: Tā shì Wáng Jiāmíng _____ péngyou Linda.

A: Tā _____ shì zhōngxuéshēng ma?

B: _____ , tā yě _____ zhōngxuéshēng.

6. Mark the *Pinyin* of the words you have learned with a color pen.

j	g	x	z	i	u	ch	r	d	t	e
ch	i	d	y	l	n	c	s	t	h	j
r	à	y	w	á	d	g	sh	r	g	k
y	n	o	q	n	q	i	ú	o	q	o
w	l	h	sh	j	m	n	g	q	f	p
d	i	k	l	é	p	d	j	w	g	l
l	à	y	j	d	n	t	l	b	x	m
p	n	y	u	e	q	m	í	n	g	d
h	a	n	w	s	zh	n	e	p	z	i
s	g	o	b	p	s	h	b	x	e	o

7. Exercises on Chinese characters.

(1) How many strokes does each of the following characters have?

qiú 球 ___11___

dǎ 打 _____   shuí 谁 _____

zì 字 _____   míng 明 _____

gǎn 橄 _____   lǎn 榄 _____

(2) Observe the stroke order of the following characters.

wáng	王	王	王	王	王					
dǎ	打	打	打	打	打					
hǎo	好	好	好	好	好	好				
zài	再	再	再	再	再	再				
kè	客	客	客	客	客	客	客	客	客	
jiā	家	家	家	家	家	家	家	家	家	家
qiú	球	球	球	球	球	球	球	球	球	球
xiè	谢	谢	谢	谢	谢	谢	谢	谢	谢	谢	谢

8   谁 是 你 的 好 朋 友

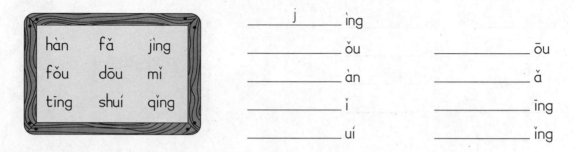

shuí   shì   nǐ   de   hǎo péng you

1. Exercises on *Pinyin*.

(1) Fill in the blanks with initials according to the cues in the box.

hàn	fǎ	jìng
fǒu	dōu	mǐ
tīng	shuí	qǐng

<u>   j   </u> ìng

_____ ǒu   _____ ōu

_____ àn   _____ ǎ

_____ ǐ   _____ īng

_____ uí   _____ ǐng

(2) Fill in the blanks with finals and tones according to the cues in the box.

yǔ	hàn	fǎ	jìng
yǒu	dōu	mǐ	tīng
shuí	qǐng		

sh <u> uí </u>

y _____   q _____

d _____   y _____

h _____   j _____

t _____   f _____

(3) Supply tones for the following words.

da qiu   <u>dǎ qiú</u>

Hanyu _____   Fayu _____

pengyou _____   jiaolian _____

lanqiu _____   xuesheng _____

zaijian _____   xiaozhang _____

2. Match the initials with the finals according to the rules of *Pinyin* and add tones to these combinations.

> e   ü   un   ing   ie

zh ___è___   zh _____

z _____   z _____

ch _____   ch _____

c _____   c _____

sh _____   sh _____

s _____   s _____

r _____

3. Translate the following words.

shénme ___what___   yǒu _____

xué _____   dōu _____

Fǎyǔ _____   Hànyǔ _____

4. Choose the right words to complete the following dialogues.

(1) ● shénme   ● shuí

A: Tā shì _____?

B: Tā shì wǒ de hǎo péngyou Jiékè.

(2) ● shénme   ● shuí

A: Dàwèi xué _____?

B: Tā xué Hànyǔ.

(3) ● yě   ● dōu

A: Mǎlì hé Àimǐlì _____ xué Fǎyǔ ma?

B: Shì de, tāmen dōu xué Fǎyǔ.

5. Complete the following dialogue with the words in the box.

Fǎyǔ	yě	dōu	hǎo	shuí

A: Tāmen shì _____ .

B: Tāmen shì wǒ de hǎo péngyou.

A: Nǐ xué Hànyǔ, tāmen _____

   xué ma?

B: Bù, tāmen xué _____ .

A: Mǎlì _____ shì nǐ de hǎo péngyou ma?

B: Shì de, tā yě shì wǒ de _____ péngyou.

A: Tā yě xué Hànyǔ ma?

B: Shì de, wǒmen _____ xué Hànyǔ.

6. Mark the *Pinyin* of the words you have learned with a color pen.

g	f	k	H	à	n	o	s	a
s	d	q	x	i	y	h	h	u
p	u	F	ǎ	y	ǔ	r	u	j
i	s	w	t	g	k	zh	í	p
f	g	h	q	u	y	d	d	m
q	k	p	é	n	g	y	o	u
u	zh	sh	r	n	h	zh	t	n
l	f	p	e	q	m	c	a	b
n	a	e	q	ch	ch	e	r	x

7. Exercises on Chinese characters.

(1) How many strokes does each of the following characters have?

tóng　同　　__6__

xiào　校　_____　　　zhǎng　长　_____

yǒu　有　_____　　　hàn　汉　_____

shì　是　_____　　　shuí　谁　_____

(2) Observe the stroke order of the following characters.

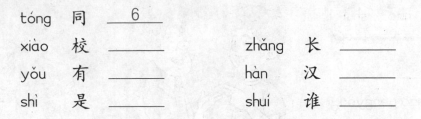

hàn	汉	汉	汉	汉	汉	汉			
yǒu	有	有	有	有	有	有			
xué	学	学	学	学	学	学	学	学	
fǎ	法	法	法	法	法	法	法	法	
yǔ	语	语	语	语	语	语	语	语	语
dōu	都	都	都	都	都	都	都	都	都	都
shuí	谁	谁	谁	谁	谁	谁	谁	谁	谁	谁

9 你 有 几 张 中 文 光 盘

nǐ yǒu jǐ zhāng zhōng wén guāng pán

1. Exercises on *Pinyin*.

(1) Fill in the blanks with initials according to the cues in the box.

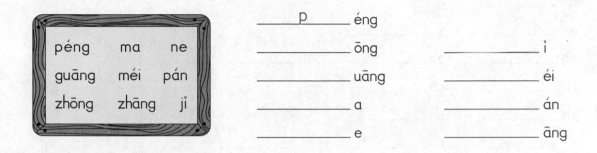

péng	ma	ne
guāng	méi	pán
zhōng	zhāng	jǐ

_____p_____ éng

_____ ōng   _____ ǐ

_____ uāng   _____ éi

_____ a   _____ án

_____ e   _____ āng

(2) Fill in the blanks with finals and tones according to the cues in the box.

qiú	lán	wén	ne
guāng	méi	pán
zhōng	zhāng	jǐ

q _____iú_____

p _____   w _____

g _____   j _____

l _____   m _____

zh _____   zh _____

(3) Complete the *Pinyin* of the following words.

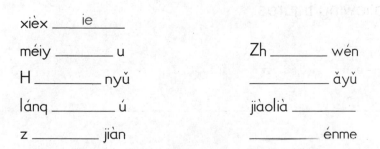

xièx _____ie_____

méiy _____ u   Zh _____ wén

H _____ nyǔ   _____ ǎyǔ

lánq _____ ú   jiàolià _____

z _____ jiàn   _____ énme

2. Match the initials with the finals according to the rules of *Pinyin* and add tones to these combinations.

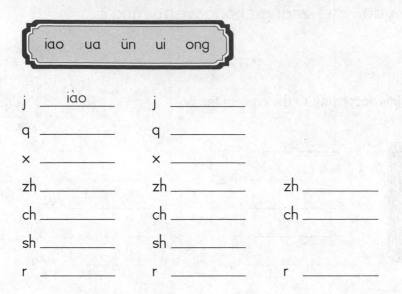

iao   ua   ün   ui   ong

j ___iào___   j _____
q _____   q _____
x _____   x _____
zh_____   zh_____   zh_____
ch_____   ch_____   ch_____
sh_____   sh_____
r _____   r _____   r _____

3. Match the Chinese with the English translation.

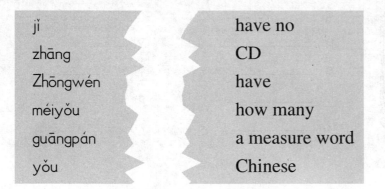

jǐ   have no
zhāng   CD
Zhōngwén   have
méiyǒu   how many
guāngpán   a measure word
yǒu   Chinese

4. Supply *Pinyin* for the following figures.

1	2	3	4	5
yī	èr	_____	_____	_____

6	7	8	9	10
_____	_____	_____	_____	_____

5. Answer the questions.

Wáng Jiāmíng yǒu jǐ zhāng Zhōngwén guāngpán?
Wáng Jiāmíng yǒu sì zhāng Zhōngwén guāngpán.

(1) Lín lǎoshī yǒu jǐ zhāng Fǎyǔ guāngpán?

_____

(2) Wǒ dǎ lánqiú, nǐ dǎ lánqiú ma?

_____

(3) Jiékè xué Hànyǔ, Àimǐlì xué Hànyǔ ma?

_____

6. Complete the following dialogue with the words in the box.

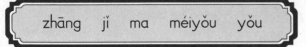

zhāng   jǐ   ma   méiyǒu   yǒu

A: Jiāmíng, nǐ yǒu Zhōngwén guāngpán _____ ?

B: _____ , wǒ yǒu Zhōngwén guāngpán.

A: Nǐ yǒu _____ zhāng Zhōngwén guāngpán?

B: Wǒ yǒu sān _____ Zhōngwén guāngpán.

A: Dàwèi yǒu Zhōngwén guāngpán ma?

B: _____ , Dàwèi méiyǒu Zhōngwén guāngpán.

7. Mark the *Pinyin* of the words you have learned with a color pen.

zh	j	g	o	u	t	m
ō	ō	h	à	n	y	ǔ
n	w	n	a	sh	ch	j
g	d	s	g	i	n	p
x	y	c	t	w	m	q
u	t	z	r	d	é	t
é	k	a	c	w	i	n
sh	ē	n	g	q	y	o
p	l	x	e	l	ǒ	n

8. Exercises on Chinese characters.

(1) How many strokes does each of the following characters have?

méi 没 ___7___

guāng 光 _____   wén 文 _____

lán 篮 _____   qiú 球 _____

dǎ 打 _____   zhāng 张 _____

(2) Observe the stroke order of the following characters.

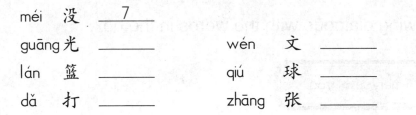

jǐ	几	几 几					
zhōng	中	中 中 中 中					
wén	文	文 文 文 文					
méi	没	没 没 没 没 没 没 没					
zhāng	张	张 张 张 张 张 张 张					

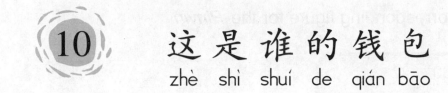

10 这是谁的钱包
zhè shì shuí de qián bāo

1. Exercises on *Pinyin*.

(1) Fill in the blanks with initials according to the cues in the box.

| duō shǎo lǐ gěi |
| qián bāo nà duì |
| guāng zhè |

<u> g </u> uāng

_____ è   _____ uì

_____ ěi   _____ ǐ

_____ ián   _____ āo

_____ uō   _____ ǎo

(2) Fill in the blanks with finals and tones according to the cues in the box.

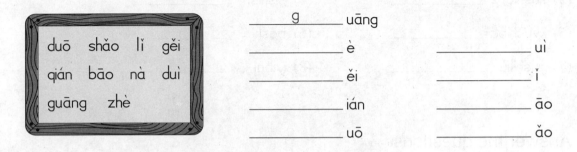

| zhāng duō shǎo |
| lǐ gěi qián bāo |
| nà duì zhè yuán |

zh <u> āng </u>

y _____   q _____

d _____   n _____

b _____   sh _____

g _____   zh _____

(3) Complete the *Pinyin* of the following words.

Zhōngw <u> én </u>

duōsh _____   qi _____ bāo

g _____ āngpán   xué _____ eng

_____ iāozhǎng   jiào _____ iàn

gǎnlǎnq _____   bú _____ èqi

2. Read aloud the following *Pinyin*.

nǐ hǎo   hěn hǎo   bǎnfǔ   bǎngǔ

cǎocǎo   cǎogǎo   dǎdǎo   dǎdiǎn

bǎngshǒu   fǎnggǔ   gǎihuǐ   gǎizǔ

3. Find the corresponding figure for the *Pinyin*.

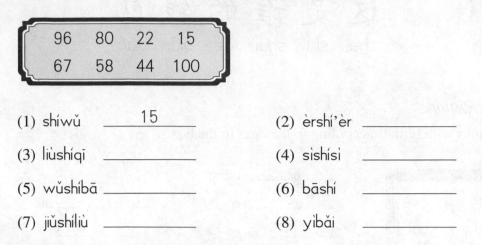

96	80	22	15
67	58	44	100

(1) shíwǔ _____15_____ (2) èrshí'èr _____

(3) liùshíqī _____ (4) sìshísì _____

(5) wǔshíbā _____ (6) bāshí _____

(7) jiǔshíliù _____ (8) yìbǎi _____

4. Answer the questions.

Example

Zhèli yǒu jǐ gè lánqiú?
Zhèli yǒu sì gè lánqiú.

(1) Zhèli yǒu duōshao zhāng guāngpán?

_____

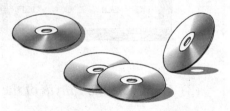

(2) Nàli yǒu duōshao gè xuésheng?

_____

(3) Qiánbāo li yǒu duōshao qián?

_____

5. Complete the following dialogue with the words in the box.

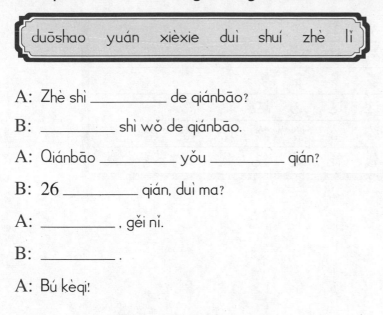

duōshao   yuán   xièxie   duì   shuí   zhè   lǐ

A: Zhè shì _____ de qiánbāo?

B: _____ shì wǒ de qiánbāo.

A: Qiánbāo _____ yǒu _____ qián?

B: 26 _____ qián, duì ma?

A: _____ , gěi nǐ.

B: _____ .

A: Bú kèqì!

6. Mark the *Pinyin* of the words you have learned with a color pen.

m	q	p	q	u	q	p	j	y	q
ch	g	i	g	t	a	é	i	g	d
k	l	o	á	g	d	n	k	p	t
j	á	i	h	n	l	g	f	k	u
s	n	b	e	b	k	y	o	u	o
ch	q	y	t	ā	c	z	h	x	y
sh	i	d	u	o	sh	a	o	z	zh
h	ú	l	n	m	c	j	u	s	r

7. Exercises on Chinese characters.

(1) How many strokes does each of the following characters have?

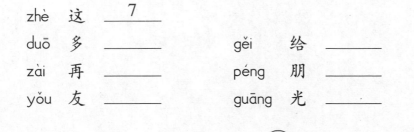

zhè   这   ___7___

duō   多   _____   gěi   给   _____

zài   再   _____   péng   朋   _____

yǒu   友   _____   guāng   光   _____

(2) Observe the stroke order of the following characters.

yuán	元	元 元 元 元							
duì	对	对 对 对 对							
duō	多	多 多 多 多 多 多							
zhè	这	这 这 这 这 这 这 这							
gěi	给	给 给 给 给 给 给 给 给							
qián	钱	钱 钱 钱 钱 钱 钱 钱 钱 钱 钱							

 **11** 祝 你 生 日 快 乐
zhù nǐ shēng ri kuài lè

1. Exercises on *Pinyin*.

(1) Fill in the blanks with initials according to the cues in the box.

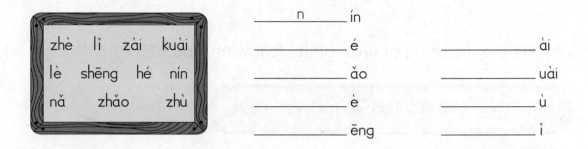

zhè	lǐ	zài	kuài
lè	shēng	hé	nín
nǎ	zhǎo	zhù	

_____ n _____ ín   _____ ài
_____ é   _____ uài
_____ ǎo   _____ ù
_____ è   _____ ǐ
_____ ēng

(2) Fill in the blanks with finals and tones according to the cues in the box.

nǎ	lǐ	zài	lè
shēng	hé	kuài	nín
zhè	zhǎo	zhù	

zh _____ ù   l _____
h _____   z _____
n _____   zh _____
zh _____   k _____
sh _____

(3) Supply tones for the following words.

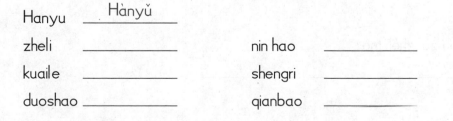

Hanyu   _____ Hànyǔ _____
zheli   _____   nin hao   _____
kuaile   _____   shengri   _____
duoshao _____   qianbao   _____

2. Decide whether the following tone changes of "bù" are correct.

bú hǎo   F

bú duì _____   bú gāo _____

bùxíng _____   bù zuò _____

bù huì _____   bù néng _____

bù kèqi _____   bù lǐmào _____

3. What is the meaning of each of the following words?

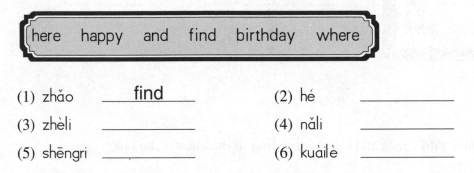

here   happy   and   find   birthday   where

(1) zhǎo   find   (2) hé _____

(3) zhèli _____   (4) nǎli _____

(5) shēngri _____   (6) kuàilè _____

4. Answer the following questions about yourself.

Example

Nǐ zhǎo shuí?
Wǒ zhǎo wǒ de péngyou. _____

(1) Nǐ de péngyou zhǎo shuí?

_____

(2) Nǐ de péngyou zài zhèli ma?

_____

(3) Nǐ zài nǎli?

_____

5. **Complete the following dialogues with the words in the box.**

(1)
| nǐ | ma | zài | zhǎo | nín |

A: Lín lǎoshī _____ hǎo!

B: _____ hǎo, nǐ zhǎo wǒ ma?

A: Bù, wǒ _____ wǒ de péngyou

　　Jiāmíng. Tā zài zhèli _____ ?

B: Bù, tā bú _____ zhèli.

(2)
| shénme | nǎli | nàli | zhèli | nǐ |

A: _____ hǎo!

B: Nǐ hǎo! nǐ zhǎo _____ ?

A: Wǒ zhǎo wǒ de Zhōngwén guāngpán,

　　tāmen zài _____ ma?

B: Shì de.

A: Tāmen zài _____ ?

B: Tāmen zài _____ .

6. **Mark the *Pinyin* of the words you have learned with a color pen.**

n	k	p	r	p	i	j	x	c
g	u	sh	d	w	j	k	g	sh
f	à	u	zh	q	m	l	ē	zh
z	i	l	è	j	s	n	r	x
d	g	b	l	ǐ	g	m	u	k
f	p	c	b	r	u	a	n	n
a	y	k	i	s	a	h	ǎ	e
w	H	à	n	y	ǔ	b	l	ǐ
q	o	u	t	x	n	x	n	j

7. Exercises on Chinese characters.

(1) How many strokes does each of the following characters have?

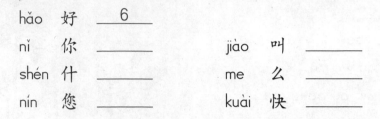

hǎo 好 ____6____

nǐ 你 _____   jiào 叫 _____

shén 什 _____   me 么 _____

nín 您 _____   kuài 快 _____

(2) Observe the stroke order of the following characters.

lè	乐	乐	乐	乐	乐	乐			
zài	在	在	在	在	在	在			
kuài	快	快	快	快	快	快	快		
zhǎo	找	找	找	找	找	找	找		
zhù	祝	祝	祝	祝	祝	祝	祝	祝	祝

12　今天我很高兴

jīn　tiān　wǒ　hěn　gāo　xìng

1. Exercises on *Pinyin*.

(1) Fill in the blanks with initials according to the cues in the box.

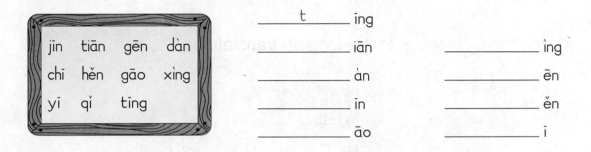

jīn	tiān	gēn	dàn
chī	hěn	gāo	xìng
yī	qǐ	tīng	

_____t_____ īng

_____ iān　　　_____ ìng

_____ àn　　　_____ ēn

_____ in　　　_____ ěn

_____ āo　　　_____ ī

(2) Fill in the blanks with finals and tones according to the cues in the box.

xìng	jīn	tiān	gēn
dàn	chī	hěn	gāo
yī	qǐ	tīng	

ch _____ī_____

y _____　　　q _____

d _____　　　g _____

j _____　　　h _____

t _____　　　x _____

(3) Supply tones for the following words.

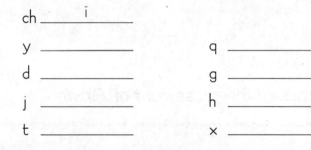

shengri　　_____shēngri_____

yinyue　_____　　yiqi　_____

jintian　_____　　dangao　_____

gaoxing　_____　　kuaile　_____

2. Decide whether the following tone changes of "yī" are correct.

yíqǐ _____F_____

yí liàng _____   yí gè _____

yí bǎ _____   yì qún _____

yìshēng _____   yí píng _____

yí wǎn _____   yì zhǒng _____

3. Match the Chinese with the English translation.

jīntiān	今天	hear
gāoxìng	高兴	together
yìqǐ	一起	eat
chī	吃	happy
dàngāo	蛋糕	today
tīng	听	music
yīnyuè	音乐	cake

4. Complete the crossword of *Pinyin*.

Hànyǔ   yīnyuè   péngyou   xìng Lín   gāoxìng

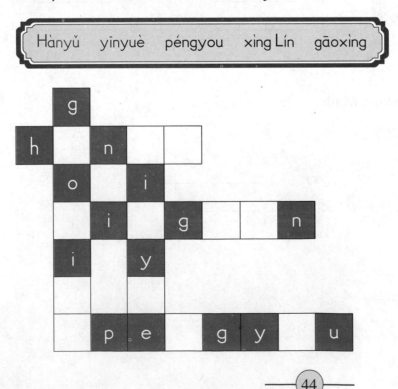

5. Choose the correct responses.

Example

A: Tā shì shuí?

B: <u>Tā shì Mǎlì.</u>

◆ Tā shì Mǎlì.

◆ Tā shì xuésheng.

(1) A: Nǐ yǒu hǎo péngyou ma?

B: _____

◆ Yǒu, wǒ yǒu hǎo péngyou.

◆ Shì, wǒmen shì hǎo péngyou.

(2) A: Shuí shì nǐ de hǎo péngyou?

B: _____

◆ Jiékè bú shì wǒ de hǎo péngyou.

◆ Jiékè shì wǒ de hǎo péngyou.

(3) A: Nǐ yǒu jǐ zhāng Zhōngwén guāngpán?

B: _____

◆ Wǒ yǒu sān zhāng Zhōngwén guāngpán.

◆ Shì de, wǒ yǒu jǐ zhāng Zhōngwén guāngpán.

(4) A: Zhè shì shuí de lánqiú?

B: _____

◆ Nà shì wǒ de lánqiú.

◆ Zhè shì wǒ de lánqiú.

(5) A: Tāmen zài nǎli?

B: _____

◆ Tāmen bú zài zhèli.

◆ Tāmen zài nàli.

6. Mark the *Pinyin* of the words you have learned with a color pen.

d	r	i	k	n	e	w	q	c	sh
o	à	e	g	i	u	y	s	w	o
p	n	s	e	ā	u	q	f	p	u
y	g	x	w	h	o	p	y	k	o
s	ā	z	q	j	i	x	ì	n	g
t	o	d	p	r	e	a	r	a	j
r	j	g	q	g	y	c	t	h	k
t	ī	n	g	y	ī	n	y	u	è
a	g	y	u	d	q	m	d	h	l
q	d	h	j	z	ǐ	x	h	f	i

7. **Exercises on Chinese characters.**

(1) How many strokes does each of the following characters have?

kuài 快 ___7___

tīng 听 _____   chī 吃 _____

yīn 音 _____   gāo 糕 _____

gǎn 橄 _____   shī 师 _____

(2) Observe the stroke order of the following characters.

tiān	天	天 天 天 天					
jīn	今	今 今 今 今					
chī	吃	吃 吃 吃 吃 吃 吃					
xìng	兴	兴 兴 兴 兴 兴 兴					
tīng	听	听 听 听 听 听 听 听					
hěn	很	很 很 很 很 很 很 很 很 很					

Unit Three

My Family and I

13　你　多　大
　　　　nǐ　duō　dà

1. Match the following characters with the *Pinyin*.

你	见	然
车	岁	当
球	语	

chē _____　　　　rán _____

dāng _____　　　　qiú _____

suì _____　　　　nǐ _____

jiàn _____　　　　yǔ _____

2. Supply *Pinyin* for the following words.

这里　_zhèli___

开车　_____　　　　当然　_____

汉语　_____　　　　多大　_____

哪里　_____　　　　名字　_____

3. Translate the following words.

tóngxué　同学　_classmate___

lǎoshi　老师　_____　　　　péngyou　朋友　_____

xiàozhǎng　校长　_____　　　　xuésheng　学生　_____

dǎ qiú　打球　_____　　　　kāi chē　开车　_____

dāngrán　当然　_____　　　　duō dà　多大　_____

4. Complete the dialogues by following the example.

Example

A: 你 <u>学 不 学</u> 开 车？
   nǐ xué bu xué kāi chē

B: 当 然, 我 学 开 车。
   dāng rán wǒ xué kāi chē

(1) A: 你 _____ 蛋 糕 ？
        nǐ   dàn gāo

      B: 当 然, 我 吃 蛋 糕。
        dāng rán wǒ chī dàn gāo

(2) A: 他 们 _____ 篮 球 ？
        tā men   lán qiú

      B: 当 然, 他 们 打 篮 球。
        dāng rán tā men dǎ lán qiú

5. Answer the questions according to the pictures.

Example   (1)

大 卫 多 大？
dà wèi duō dà

大 卫 15 岁。
dà wèi   suì

王 家 明 多 大？
wáng jiā míng duō dà

_____

(2) 王 家 明 的 朋 友 玛 丽 多 大?
wáng jiā míng de péng you mǎ lì duō dà

_____

(3)

林 校 长 多 大?
lín xiào zhǎng duō dà

_____

6. Mark the syllables with different color pens and write down the correspon-
ding characters.

h	A	j	x	w	a	o	g	h
ǎ	A	w	W	á	n	g	d	a
o	P	ǒ	i	á	p	b	c	U
l	u	o	N	H	n	ǐ	y	A
x	Y	i	g	ē	b	g	ch	o
n	ǐ	j	w	o	s	h	A	ē
f	i	i	O	á	c	h	a	o
q	A	à	g	o	n	l	í	n
r	S	o	j	i	ā	g	a	o

(1) __hǎo → 好__   (2) _____   (3) _____

(4) _____   (5) _____   (6) _____

7. Exercises on Chinese characters.

(1) Identify the components of each of the following Chinese characters.

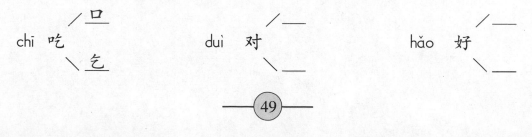

chī 吃 ╱口 ╲乞   duì 对 ╱— ╲—   hǎo 好 ╱— ╲—

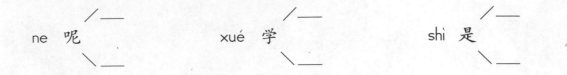

ne 呢   xué 学   shì 是

(2) Form Chinese characters by using the following given components.

口＋斤→（ting 听）

山＋夕→（   ）   又＋寸→（   ）   木＋交→（   ）

亻＋尔→（   ）   女＋子→（   ）   亻＋也→（   ）

(3) Write the characters by following the stroke order.

dà	大	大	大	大					
kāi	开	开	开	开	开				
chē	车	车	车	车	车				
dāng	当	当	当	当	当	当	当		
suì	岁	岁	岁	岁	岁	岁	岁		
duō	多	多	多	多	多	多	多		

14　这 是 我 的 狗

zhè　shì　wǒ　de　gǒu

1. Match the following characters with the *Pinyin.*

车	岁	亮
漂	它	狗
开	两	

liǎng ____两____　　　piào _____

gǒu _____　　　liàng _____

tā _____　　　chē _____

kāi _____　　　suì _____

2. Match the Chinese with the English translation.

gǒu 狗　　　　　　　two

xué 学　　　　　　　it

tā 它　　　　　　　beautiful

liǎng 两　　　　　　dog

piàoliang 漂亮　　　study

lánqiú 篮球　　　　baskctball

3. Supply the Chinese *Pinyin* and characters for the figures.

1 ____yī 一____　　　2 ____èr 二____

3 _____　　　4 _____

5 _____　　　6 _____

7 _____　　　8 _____

9 _____　　　10 _____

4. Form words with the characters in the box and add *Pinyin*.

什	当	名	漂
多	开	大	朋
学	然	么	车
亮	生	字	友

(1) ___开车 kāi chē___   (2) _____

(3) _____   (4) _____

(5) _____   (6) _____

(7) _____   (8) _____

5. Complete the following dialogues with the words in the box.

(1)

不	当 然	是	也	多 大
bù	dāng rán	shì	yě	duō dà

A: 琳 达，你_____ ?
   lín dá nǐ

B: 我 15 岁。
   wǒ   suì

A: 你 是 _____ 是 学 生?
   nǐ shì   shì xué sheng

B: 是 的，我 _____ 学 生。
   shì de wǒ   xué sheng

A: 你 学＿＿＿＿＿学 开 车?
   nǐ xué　　　xué kāi chē

B: ＿＿＿＿＿＿, 你 呢?
   　　　　　　　nǐ ne

A: 我 ＿＿＿＿＿学 开 车。
   wǒ　　　xué kāi chē

(2)

它　多大　两　是
tā　duō dà　liǎng　shì

A: 这 ＿＿＿＿ 不 ＿＿＿＿＿＿ 你 的 狗?
   zhè　　　bu　　　　　nǐ de gǒu

B: 是 的,＿＿＿＿＿＿ 是 我 的 狗。
   shì de　　　　　shì wǒ de gǒu

A: 它 ＿＿＿＿＿＿?
   tā

B: 它 ＿＿＿＿＿＿ 岁。
   tā　　　　　suì

A: ＿＿＿＿＿＿ 很 漂 亮。
   　　　　　　hěn piào liang

B: 谢 谢!
   xiè xie

6. Mark the syllables with different color pens and write down the corresponding characters.

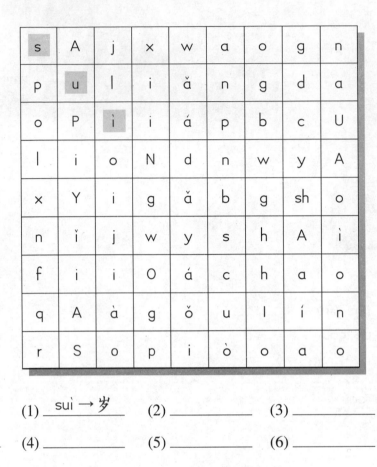

s	A	j	x	w	a	o	g	n
p	u	l	i	ǎ	n	g	d	a
o	P	ì	i	á	p	b	c	U
l	i	o	N	d	n	w	y	A
x	Y	i	g	ǎ	b	g	sh	o
n	ǐ	j	w	y	s	h	A	i
f	i	i	O	á	c	h	a	o
q	A	à	g	ǒ	u	l	í	n
r	S	o	p	i	ò	o	a	o

(1) ___suì → 岁___   (2) _____   (3) _____

(4) _____   (5) _____   (6) _____

7. Exercises on Chinese characters.

(1) Identify the components of each of the following Chinese characters.

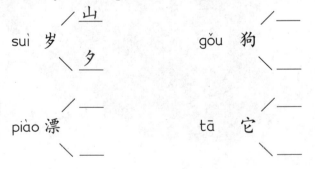

(2) Form Chinese characters by using the following given components.

又 + 寸 → (duì 对)

者 + 阝 → (   )   忄 + 夹 → (   )

讠 + 身 + 寸 → (   )   犭 + 句 → (   )

(3) Write the characters by following the stroke order.

tā 它	它	它	它	它	它					
liǎng 两	两	两	两	两	两	两				
gǒu 狗	狗	狗	狗	狗	狗	狗	狗	狗		
liàng 亮	亮	亮	亮	亮	亮	亮	亮	亮		

15 你 从 哪 里 来
nǐ   cóng nǎ   li   lái

1. What is the meaning of each of the following words?

gǒu   狗   ___dog___

cóng   从   _____   xìng   姓   _____

lái   来   _____   jiā   家   _____

wán   玩   _____   hěn   很   _____

huānyíng   欢迎   _____   piàoliang 漂亮   _____

2. Form words with the characters in the box and add *Pinyin*.

欢	哪	教	漂
钱	法	里	朋
谢	迎	练	谢
亮	友	语	包

(1) ___谢谢 xièxie___   (2) _____

(3) _____   (4) _____

(5) _____   (6) _____

(7) _____   (8) _____

3. Supply *Pinyin* for the following words.

哪里 ___nǎli___

不对 _____   打球 _____

汉语 _____   法语 _____

生日 _____   快乐 _____

蛋糕 _____   客气 _____

4. Complete the sentences according to the pictures.

Example

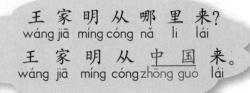

王 家 明 从 哪 里 来?
wáng jiā míng cóng nǎ li lái

王 家 明 从 中 国 来。
wáng jiā míng cóng zhōng guó lái

(1)

本 田 从 哪 里 来?
běn tián cóng nǎ li lái

本 田 从 ＿＿＿ 来。
běn tián cóng lái

(2)

欢 迎 你 来 ＿＿＿。
huān yíng nǐ lái

(3)

欢 迎 你 来 ————。
huān yíng nǐ lái

5. Complete the following dialogues with the words in the box.

玩	从	叫	姓	来
wán	cóng	jiào	xìng	lái

A: 你 好！ 你 ———— 什 么？
　　nǐ hǎo　nǐ　　　　shén me

B: 我 姓 王。
　　wǒ xìng wáng

A: 你 ———— 什 么 名 字？
　　nǐ　　　　 shén me míng zi

B: 我 叫 王 家 明。
　　wǒ jiào wáng jiā míng

A: 你 ———— 哪 里 来？
　　nǐ　　　　 nǎ li lái

B: 我 从 中 国 ————。 你 呢？
　　wǒ cóng zhōng guó　　　　 nǐ ne

A: 我 ———— 日 本 ————。 欢 迎 你 来 我 家 ————。
　　wǒ　　　 rì běn　　　　 huān yíng nǐ lái wǒ jiā

B: 谢 谢！
　　xiè xie

6. Mark the syllables with different color pens and write down the correspon-
ding characters.

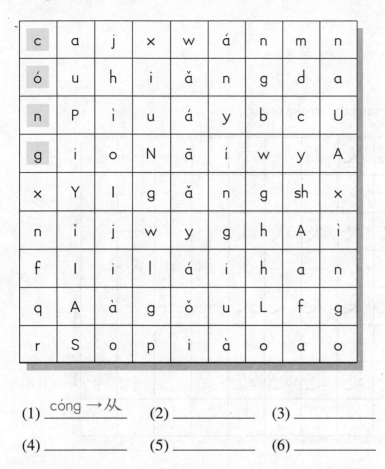

c	a	j	x	w	á	n	m	n
ó	u	h	i	ǎ	n	g	d	a
n	P	i	u	á	y	b	c	U
g	i	o	N	ā	í	w	y	A
x	Y	I	g	ǎ	n	g	sh	x
n	ǐ	j	w	y	g	h	A	ì
f	I	i	l	á	i	h	a	n
q	A	à	g	ǒ	u	L	f	g
r	S	o	p	i	à	o	a	o

(1) _cóng → 从_ (2) _____ (3) _____

(4) _____ (5) _____ (6) _____

7. **Exercises on Chinese characters.**

(1) Identify the components of each of the following Chinese characters.

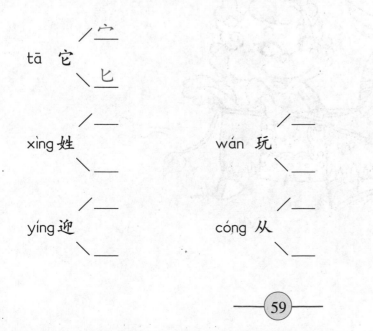

tā 它

xìng 姓   wán 玩

yíng 迎   cóng 从

(2) Form Chinese characters by using the following given components.

氵＋票→（piào 漂）

女＋生→（　　　）　　　又＋欠→（　　　）

口＋屮→（　　　）　　　宀＋豕→（　　　）

(3) Write the characters by following the stroke order.

cóng	从	从	从	从	从					
huān	欢	欢	欢	欢	欢	欢	欢			
lái	来	来	来	来	来	来	来	来		
yíng	迎	迎	迎	迎	迎	迎	迎	迎		

16   我住在柏树街
wǒ zhù zài bǎi shù jiē

1. **Match the following characters with the *Pinyin*.**

马	店	请
要	上	到
喂	号	从
住	在	

dào _____到_____

wèi _____   hào _____

zhù _____   zài _____

cóng _____   mǎ _____

shàng _____   qǐng _____

yào _____   diàn _____

2. **Supply *Pinyin* for the following words.**

欢迎 ___huānyíng___

请问 _____   一份 _____

马上 _____   漂亮 _____

商店 _____   比萨饼 _____

3. **Translate the following words.**

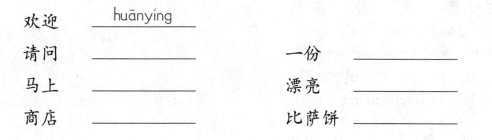

bǐsàbǐng 比萨饼 ___pizza___

yào   要 _____   zhù   住 _____

dào   到 _____   lái   来 _____

mǎshàng 马上 _____   qǐng wèn 请问 _____

4. Choose the correct responses.

Example

你 要 什 么?
nǐ yàoshén me

<u>我 要 一 份 比 萨 饼。</u>
wǒ yào yí fèn bǐ sà bǐng

◆ 我 要 学 汉 语。　　　　◆ 我 要 一 份 比 萨 饼。
wǒ yào xué hàn yǔ　　　　　wǒ yào yí fèn bǐ sà bǐng

(1) 大 卫 要 什 么?　　　　(2) 您 住 在 哪 里?
dà wèi yàoshén me　　　　　　nín zhù zài nǎ li

_____　　　　_____

◆ 大 卫 要 打 篮 球。　　　　◆ 我 住 在 柏 树 街 25 号。
dà wèi yào dǎ lán qiú　　　　　wǒ zhù zài bǎi shù jiē hào

◆ 大 卫 要 一 个 蛋 糕。　　◆ 我 在 柏 树 街 住 25 号。
dà wèi yào yí gè dàn gāo　　　　wǒ zài bǎi shù jiē zhù hào

5. Complete the following dialogues with the words in the box.

(1)

好	住	要	是	份	在
hǎo	zhù	yào	shì	fèn	zài

A: 喂,_____ 比 萨 饼 店 吗?
wèi 　　　　　bǐ sà bǐngdiàn ma

B: 是 的, 请 问, 您 _____ 什 么?
shì de qǐngwèn nín 　　　　shén me

A: 我 要 两 _____ 比 萨 饼。
wǒ yàoliǎng 　　　　bǐ sà bǐng

B: 您 住 _____ 哪 里?
nín zhù 　　　　nǎ li

A: 我 _____ 在 17 街 513 号。
wǒ 　　　　zài jiē hào

B: _____, 马 上 到。
mǎshàngdào

62

(2)

哪里	不	找	在
nǎ li	bù	zhǎo	zài

A: 喂，您 好!
　　wèi nín hǎo

B: 你 好! 你 ＿＿＿＿＿ 谁?
　　nǐ hǎo nǐ　　　　shuí

A: 我 找 王 家 明，他 ＿＿＿＿家 吗?
　　wǒ zhǎo wáng jiā míng tā　　　jiā ma

B: 对 不 起，他 ＿＿＿在 家。
　　duì bu qǐ tā　　　zài jiā

A: 他 在 ＿＿＿＿＿?
　　tā zài

B: 他 在 学 校。
　　tā zài xué xiào

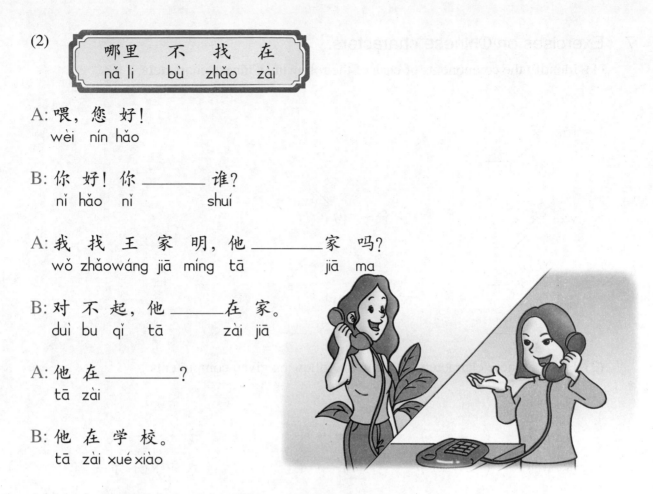

6. Mark the syllables with different color pens and write down the correspon-
   ding characters.

b	h	u	f	b	p	m	n	s
i	zh	o	a	l	t	n	q	o
t	q	ù	r	x	n	zh	r	s
i	c	s	sh	i	ch	j	k	o
s	x	a	z	à	i	n	d	sh
k	g	z	g	o	j	h	à	m
h	m	ǎ	e	i	u	n	o	y
s	z	q	e	d	g	n	m	l
w	q	p	sh	i	n	m	b	a
x	d	t	y	w	n	e	h	j

(1) ___zhù → 住___

(2) _____

(3) _____

(4) _____

(5) _____

(6) _____

7. Exercises on Chinese characters.

(1) Identify the components of each of the following Chinese characters.

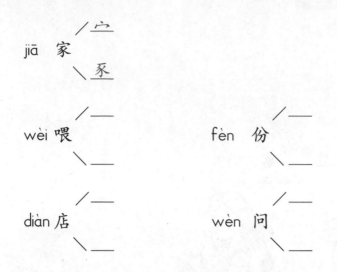

jiā 家 ⟋ 宀
⟍ 豕

wèi 喂 ⟋ ——
⟍ ——

fèn 份 ⟋ ——
⟍ ——

diàn 店 ⟋ ——
⟍ ——

wèn 问 ⟋ ——
⟍ ——

(2) Form Chinese characters by using the following given components.

又 + 欠 → (huān 欢)

亻 + 主 → (   )   西 + 女 → (   )   讠 + 青 → (   )

至 + 刂 → (   )   饣 + 并 → (   )   木 + 又 + 寸 → (   )

(3) Write the characters by following the stroke order.

hào 号	号	号	号	号	号				
zhù 住	住	住	住	住	住	住			
yào 要	要	要	要	要	要	要	要	要	
qǐng 请	请	请	请	请	请	请	请	请	请

你家有几口人

nǐ   jiā   yǒu   jǐ   kǒu   rén

1. **Match the following characters with the *Pinyin*.**

哥	还	口
猫	小	爸
姐	人	妈
大	几	

gē   哥

dà   _____   xiǎo _____

rén   _____   jǐ _____

hái   _____   kǒu _____

bà   _____   mā _____

jiě   _____   māo _____

2. **Supply *Pinyin* for the following words.**

马上   mǎshàng

猫   _____   人   _____

住   _____   狗   _____

姐姐   _____   哥哥   _____

妈妈   _____   爸爸   _____

3. **Find the corresponding Chinese for the English.**

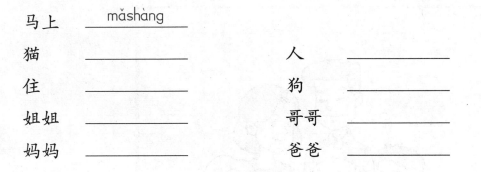

猫	还
爸爸	大
姐姐	妈妈

(1) father   爸爸   (2) big   _____

(3) still   _____   (4) cat   _____

(5) mother   _____   (6) elder sister _____

4. Complete the dialogues by following the example.

Example

A: 杰 克 家 有 几 口 人?
　　jié　kè　jiā　yǒu　jǐ　kǒu　rén

B: 杰 克 家 有 三 口 人, 爸 爸、妈 妈 和 他。
　　jié　kè　jiā　yǒu sān kǒu rén　bà　ba　mā　ma　hé　tā

A: 他 家 有 几 口 人?
　　tā　jiā　yǒu　jǐ　kǒu　rén

B: 他 家 有 ＿＿＿＿＿, ＿＿＿＿ 有 两 只 小 猫。
　　tā　jiā　yǒu　　　　　　　　　　　　yǒuliǎng zhī xiǎomāo

5. Complete the following dialogue with the words in the box.

只	还	有	几	谁	吗
zhǐ	hái	yǒu	jǐ	shuí	ma

A: 你 家 有 _____ 口 人？
   nǐ jiā yǒu   kǒu rén

B: 我 家 _____ 五 口 人。
   wǒ jiā   wǔ kǒu rén

A: 他 们 是 _____？
   tā men shì

B: 爸 爸、妈 妈、哥 哥、姐 姐，_____ 有 我。
   bà ba mā ma gē ge jiě jie   yǒu wǒ

A: 你 家 有 狗 _____？
   nǐ jiā yǒu gǒu

B: _____，我 家 有 一 _____ 大 狗，____ 有 一 只 小 猫。
            wǒ jiā yǒu yì   dà gǒu   yǒu yì zhī xiǎomāo

6. Mark the syllables with different color pens and write down the corresponding characters.

b	à	u	f	b	p	m	n	s
i	zh	o	a	l	t	n	ā	e
t	q	è	r	é	n	zh	r	o
i	c	s	sh	i	ch	j	k	i
s	x	a	z	à	i	n	d	sh
k	g	z	g	ě	j	h	à	m
h	m	y	e	i	u	n	o	y
s	z	q	e	d	g	n	m	ā
w	q	p	sh	i	n	m	b	a
x	d	t	y	w	n	e	h	j

(1) __bà → 爸__

(2) _____

(3) _____

(4) _____

(5) _____

(6) _____

7. Exercises on Chinese characters.

(1) Identify the components of each of the following Chinese characters.

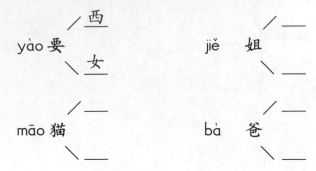

yào 要 ╱ 西 ╲ 女   jiě 姐 ╱ ___ ╲ ___

māo 猫 ╱ ___ ╲ ___   bà 爸 ╱ ___ ╲ ___

(2) Form Chinese characters by using the following given components.

木 + 白 → (bǎi 柏)

犭 + 苗 → (　　　)　　犭 + 句 → (　　　)　　女 + 且 → (　　　)

女 + 马 → (　　　)　　不 + 辶 → (　　　)　　文 + 辶 → (　　　)

(3) Write the characters by following the stroke order.

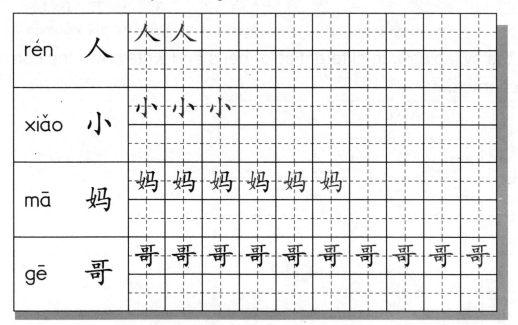

rén 人	人 人							
xiǎo 小	小 小 小							
mā 妈	妈 妈 妈 妈 妈 妈						
gē 哥	哥 哥 哥 哥 哥 哥 哥 哥 哥 哥				

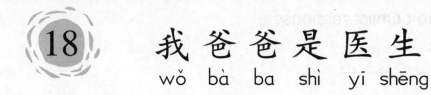

18   我 爸 爸 是 医 生
wǒ bà ba shì yī shēng

1. **Match the following characters with the *Pinyin.***

奶	医	可
爷	妹	居
邻	喜	弟

dì ___弟___

lín _____   kě _____

yī _____   xǐ _____

jū _____   yé _____

mèi _____   nǎi _____

2. **Supply *Pinyin* for the following words.**

爷爷 ___yéye___

医生 _____   可是 _____

妹妹 _____   喜欢 _____

邻居 _____   爸爸 _____

弟弟 _____   哥哥 _____

3. **Translate the following words.**

dìdi   弟弟   ___younger brother___

yéye   爷爷   _____   nǎinai   奶奶   _____

mèimei   妹妹   _____   línjū   邻居   _____

xǐhuan   喜欢   _____   kěshì   可是   _____

4. Choose the correct responses.

Example	你 多 大?
	nǐ duō dà
	我 15 岁。
	wǒ suì

◆ 我 是 15 岁。
   wǒ shì suì

◆ 我 15 岁。
   wǒ suì

(1) 你 姓 什 么?
    nǐ xìng shén me

_____

◆ 我 姓 王。
   wǒ xìng wáng

◆ 我 姓 王 家 明。
   wǒ xìng wáng jiā míng

(2) 她 从 哪 里 来?
    tā cóng nǎ li lái

_____

◆ 她 从 日 本 来。
   tā cóng rì běn lái

◆ 她 是 日 本 人。
   tā shì rì běn rén

(3) 你 住 在 哪 里?
    nǐ zhù zài nǎ li

_____

◆ 我 住 在 温 哥 华。
   wǒ zhù zài wēn gē huá

◆ 我 家 在 温 哥 华。
   wǒ jiā zài wēn gē huá

(4) 你　家　有　几　口　人？
　　　nǐ　jiā　yǒu　jǐ　kǒu　rén

　　　_____

◆　我　家　有　爸　爸、妈　妈　和　我。
　　wǒ　jiā　yǒu　bà　ba　mā　ma　hé　wǒ

◆　我　家　有　三　口　人。
　　wǒ　jiā　yǒu　sān　kǒu　rén

5. Mark the syllables with different color pens and write down the corresponding characters.

b	m	u	f	b	p	m	n	s
i	è	o	a	l	t	n	j	e
t	i	è	y	é	n	zh	r	o
i	c	s	sh	i	ch	j	k	i
s	x	a	x	ǐ	i	n	d	sh
k	g	z	g	ě	j	h	à	m
h	m	y	e	i	u	n	o	y
s	u	q	e	d	g	n	ǒ	i
w	q	ā	d	ì	n	m	b	e
x	d	t	n	w	n	e	h	j

(1) _mèi → 妹_
(2) _____
(3) _____
(4) _____
(5) _____
(6) _____

6. Exercises on Chinese characters.

(1) Identify the components of each of the following Chinese characters.

　　　　　╱不
hái　还
　　　　　╲辶

　　　　　╱一
mèi　妹
　　　　　╲一

71

huān 欢   lín 邻

(2) Form Chinese characters by using the following given components.

犭 + 苗 → （māo 猫）

父 + 巴 → （   ）   父 + 卩 → （   ）   女 + 乃 → （   ）

女 + 马 → （   ）   立 + 日 → （   ）   匚 + 矢 → （   ）

(3) Write the characters by following the stroke order.

kě	可	可	可	可	可	可							
nǎi	奶	奶	奶	奶	奶	奶							
dì	弟	弟	弟	弟	弟	弟	弟	弟					
xǐ	喜	喜	喜	喜	喜	喜	喜	喜	喜	喜	喜	喜	喜

Unit Four

Four Seasons of the Year

 **19**　现 在 几 点

xiàn zài jǐ diǎn

1. Supply *Pinyin* for the following words.

现在 <u>xiànzài</u>　　　　起床 _____

有事 _____　　　　医生 _____

爸爸 _____　　　　妈妈 _____

哪里 _____　　　　高兴 _____

2. Find the corresponding Chinese for the English.

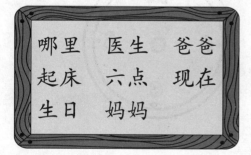

six o'clock <u>六点</u>　birthday _____

now _____　where _____

mother _____　father _____

doctor _____　get up _____

3. Form words with the characters in the box and add *Pinyin*.

点	奶	妹	今
现	妹	快	在
天	生	起	七
床	奶	医	乐

(1) 快乐 kuàilè　　(2) _____

(3) _____　　(4) _____

(5) _____　　(6) _____

(7) _____　　(8) _____

4. Complete the following dialogues according to the pictures.

Example

现在 几 点?
xiàn zài jǐ diǎn

现在 **5 点 22 分**。
xiàn zài diǎn fēn

(1)

现在 几 点?
xiàn zài jǐ diǎn

现 在 _____ 。
xiàn zài

(2)

现 在 几 点?
xiàn zài jǐ diǎn

现 在 _____ 。
xiàn zài

(3)

现 在 是 十 点 半 吗?
xiàn zài shì shí diǎn bàn ma

对,现 在 是 _____ 。
duì xiàn zài shì

5. Complete the following dialogues with the words in the box.

(1)

吧	点	事	半	几	去
ba	diǎn	shì	bàn	jǐ	qù

A: 现 在 _____ 点?
　 xiàn zài 　　　 diǎn

B: 现 在 9 点 _____。 你 有 _____ 吗?
　 xiàn zài 　 diǎn 　　　 nǐ yǒu 　　 ma

A: 我 _____朋 友 家。
　 wǒ 　　 péngyou jiā

B: 几 点 去?
　 jǐ diǎn qù

A: 我 10 _____半 去。
　 wǒ 　　　 bàn qù

B: 起 床 _____!
　 qǐchuáng

(2)

去	有	现 在	谢 谢	点
qù	yǒu	xiànzài	xiè xie	diǎn

A: 请 问, _____几 点?
　 qǐngwèn 　　　 jǐ diǎn

B: 现 在 10 _____15 分。
　 xiàn zài 　　　 fēn

A: _____ 您!
　　　 nín

B: 不 客 气! 你 _____事 吗?
　 bú kè qì 　 nǐ 　　　 shì ma

A: 我 11 点 _____学 校。
　 wǒ 　 diǎn 　　 xué xiào

6. Mark the syllables with different color pens and write down the corresponding Chinese words.

y	h	d	w	ǔ	d	i	ǎ	n	g
ī	c	zh	j	l	k	m	H	i	e
sh	b	x	i	à	n	z	à	i	h
ē	zh	u	w	t	f	y	n	j	z
n	g	ō	p	é	n	g	y	o	u
g	a	q	n	b	e	i	ǔ	h	p
d	w	p	r	g	w	é	n	d	n
q	p	q	t	y	c	n	f	s	b
f	i	e	e	z	g	d	g	a	x

(1) xiànzài → 现在　　(2) ＿＿＿＿＿＿＿　　(3) ＿＿＿＿＿＿＿

(4) ＿＿＿＿＿＿＿　　(5) ＿＿＿＿＿＿＿　　(6) ＿＿＿＿＿＿＿

7. **Exercises on Chinese characters.**

(1) Identify the components of each of the following Chinese characters.

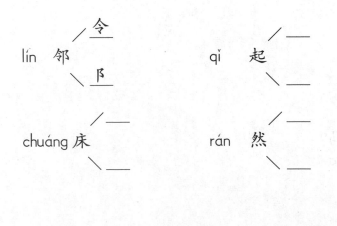

(2) Form Chinese characters by using the following given components.

王＋求→（qiú 球）

女＋生→（　　　）　　女＋马→（　　　）　　女＋也→（　　　）

走＋己→（　　　）　　氵＋殳→（　　　）　　氵＋去→（　　　）

(3) Write the characters by following the stroke order.

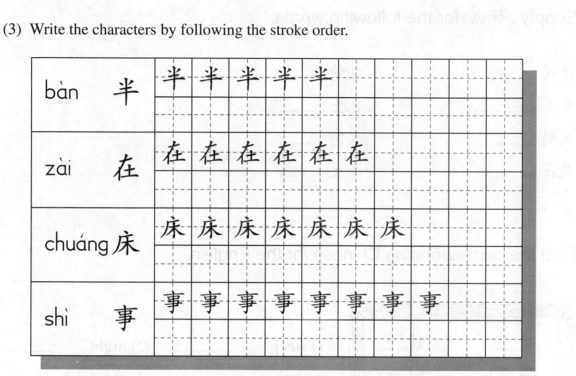

20 你每天几点起床
nǐ měi tiān jǐ diǎn qǐ chuáng

1. Supply *Pinyin* for the following words.

时候 ___shíhou___   睡觉 _____

早上 _____   晚上 _____

他们 _____   我们 _____

现在 _____   每天 _____

2. Find the corresponding Chinese for the English.

早上	晚上
睡觉	时候
刻	每天

(1) sleep ___睡觉___   (2) night _____

(3) time _____   (4) everyday _____

(5) morning _____   (6) quarter _____

3. Form words with the characters in the box and add *Pinyin*.

爷	医	哪	生
生	起	法	盘
光	每	床	语
天	里	爷	日

(1) ___法语 Fǎyǔ___   (2) _____

(3) _____   (4) _____

(5) _____   (6) _____

(7) _____   (8) _____

4. Answer the questions about yourself.

Example

你 每 天 早 上 几 点 起 床?
nǐ měi tiān zǎoshang jǐ diǎn qǐ chuáng
我 每 天 早 上 7 点 半 起 床。
wǒ měi tiān zǎo shang diǎn bàn qǐchuáng

(1)

你 每 天 晚 上 几 点 睡 觉?
nǐ měi tiān wǎn shang jǐ diǎn shuì jiào
_____

(2)

爸 爸 每 天 几 点 起 床?
bà ba měi tiān jǐ diǎn qǐchuáng
_____

(3)

妈 妈 每 天 晚 上 几 点 睡 觉？
mā ma měi tiān wǎn shang jǐ diǎn shuì jiào

5. Complete the following form with your own information.

Time	Activities
8:00	qǐ chuáng 起床
8:30	
9:00	
12:00	
12:45	
13:15	
16:00	
17:30	
19:00	
20:30	
23:00	
24:00	

6. Exercises on Chinese characters.

(1) Identify the components of each of the following Chinese characters.

qǐ 起   ╱ 走
         ╲ 己

wǎn 晚   ╱ ___
         ╲ ___

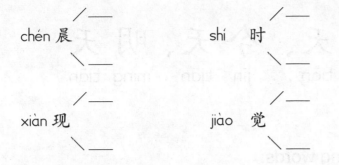

chén 晨   shí 时

xiàn 现   jiào 觉

(2) Form Chinese characters by using the following given components.

令＋阝→ (lín 邻)   目＋垂→ (   )

宀＋母→ (   )   广＋木→ (   )

一＋大→ (   )   ⺍＋见→ (   )

(3) Write the characters by following the stroke order.

tiān	天	天	天	天	天								
zǎo	早	早	早	早	早	早							
měi	每	每	每	每	每	每	每						
jiào	觉	觉	觉	觉	觉	觉	觉	觉					
shuì	睡	睡	睡	睡	睡	睡	睡	睡	睡	睡	睡	睡	睡

21 昨天、今天、明天
zuó tiān　　jīn tiān　　míng tiān

1. Supply *Pinyin* for the following words.

明年 <u>míngnián</u>　　　　　八月 _____

中国 _____　　　　　　春节 _____

每天 _____　　　　　　现在 _____

起床 _____　　　　　　明天 _____

2. Find the corresponding Chinese for the English.

天	月
每年	起床
明年	今天
春节	圣诞节

month　　　　　　　　　　____月____

next year　　　　　　　　_____

Christmas　　　　　　　　_____

the Spring Festival　　　　_____

day　　　　　　　　　　　_____

today　　　　　　　　　　_____

get up　　　　　　　　　　_____

every year　　　　　　　　_____

3. Form words with the characters in the box and add *Pinyin*.

中	明	觉	医
篮	校	光	国
睡	盘	春	球
天	节	长	生

(1) <u>篮球 lánqiú</u>　　　　(2) _____

(3) _____　　　　　　(4) _____

(5) _____　　　　　　(6) _____

(7) _____　　　　　　(8) _____

4. Answer the questions.

Example

你 的 生 日 是 几 月 几 号?
nǐ de shēng ri shì jǐ yuè jǐ hào
我 的 生 日 是 五 月 二 十 五 号。
wǒ de shēng ri shì wǔ yuè èr shí wǔ hào

(1)

昨 天 是 几 月 几 号?
zuó tiān shì jǐ yuè jǐ hào

_____

(2)

明 天 下 午 你 上 课 吗?
míng tiān xià wǔ nǐ shàng kè ma

_____

(3)

十 一 月 二 十 四 号 是 感 恩 节 吗?
shí yi yuè èr shí sì hào shì gǎn ēn jié ma

_____

83

5. Complete the following sentences.

(1) A: 昨 天 几 月 几 号?
    zuó tiān jǐ yuè jǐ hào

    B: 十 一 ＿＿＿ 二 十 三 ＿＿＿。
    shí yī   èr shí sān

    A: 今 天 ＿＿＿＿＿＿?
    jīn tiān

    B: 十 一 月 二 十 四 号。
    shí yī yuè èr shí sì hào

    A: 明 天 ＿＿＿＿＿＿?
    míngtiān

    B: 十 一 月 二 十 五 号。
    shí yī yuè èr shí wǔ hào

(2) A: 感 恩 节 是 哪 一 天?
    gǎn ēn jié shì nǎ yì tiān

    B: ＿＿＿＿＿＿ 是 感 恩 节。
    shì gǎn ēn jié

    A: 圣 诞 节 ＿＿＿＿＿ ?
    shèngdàn jié

    B: ＿＿＿＿＿＿＿。

    A: 春 节 ＿＿＿＿＿ ?
    chūn jié

    B: ＿＿＿＿＿＿＿。

6. Compare the western holidays with the Chinese holidays.

Western holidays		Chinese holidays	
Qíngrén Jié	情人节	Chūn Jié	春节
Fùhuó Jié	复活节	Yuánxiāo Jié	元宵节
Gǎn'ēn Jié	感恩节	Duānwǔ Jié	端午节
Shèngdàn Jié	圣诞节	Zhōngqiū Jié	中秋节
Mǔqin Jié	母亲节	Chóngyáng Jié	重阳节

7. Exercises on Chinese characters.

(1) Identify the components of each of the following Chinese characters.

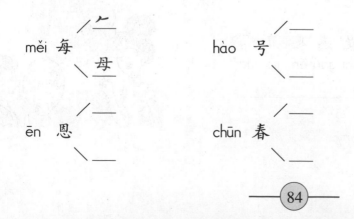

84

(2) Form Chinese characters by using the following given components.

目 + 垂 → (shuì 睡)

日 + 乍 → (   )   口 + 乞 → (   )   口 + 尼 → (   )

咸 + 心 → (   )   因 + 心 → (   )   夫 + 日 → (   )

(3) Write the characters by following the stroke order.

yuè	月	月	月	月	月					
zhōng	中	中	中	中	中					
jié	节	节	节	节	节	节				
nián	年	年	年	年	年	年	年			
zuó	昨	昨	昨	昨	昨	昨	昨	昨	昨	

22　星期六你干什么

xīng qī liù nǐ gàn shén me

1. Supply *Pinyin* for the following words.

音乐 <u>yīnyuè</u> 　　　　星期 _____

电影 _____ 　　　　打算 _____

可以 _____ 　　　　睡觉 _____

起床 _____ 　　　　昨天 _____

2. Find the corresponding Chinese for the English.

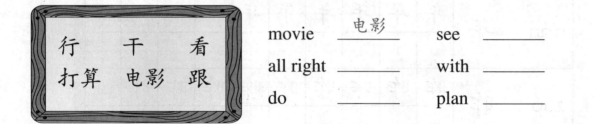

movie <u>电影</u> 　see _____

all right _____ 　with _____

do _____ 　plan _____

3. Form words with the characters in the box and add *Pinyin*.

明	可	时	星
打	春	以	蛋
节	开	期	算
车	候	天	糕

(1) <u>蛋糕 dàngāo</u> 　　(2) _____

(3) _____ 　　(4) _____

(5) _____ 　　(6) _____

(7) _____ 　　(8) _____

4. Complete the dialogues by following the example.

Example

A: 我 跟 你 们 一 起 学 汉 语，<u>行 吗</u>?
　　wǒ　gēn　nǐ　men　yì　qǐ　xué　hàn　yǔ　xíng　ma

B: <u>当 然 可 以。</u>
　　dāng　rán　kě　yǐ

(1) A: 我 跟 你 们 一 起 打 篮 球，_____?
　　　 wǒ　gēn　nǐ　men　yì　qǐ　dǎ　lán　qiú

B: _____。

(2) A: 我 跟 他 们 一 起 学 开 车，_____?
      wǒ gēn tā men yì qǐ xué kāi chē

    B: _____。

5. Complete the following dialogues with the words in the box.

(1)

干	行	跟	可以	打算	一起	呢
gàn	xíng	gēn	kě yǐ	dǎsuan	yì qǐ	ne

杰 克：家 明，星 期 六 你 打 算 _____ 什 么？
jié kè jiā míng xīng qī liù nǐ dǎ suan   shén me

家 明：我 _____ 和 大 卫 _____ 去 打 球。你 _____？
jiā míng wǒ   hé dà wèi   qù dǎ qiú nǐ

杰 克：我 _____ 你 们 一 起 去 玩，_____ 吗？
jié kè wǒ   nǐ men yì qǐ qù wán   ma

家 明：当 然 _____。
jiā míng dāng rán

(2)

一起	半	行	可以	有事	看
yì qǐ	bàn	xíng	kě yǐ	yǒushì	kàn

玛丽: Linda, 你 星 期 三 晚 上 _____ 吗?
mǎ lì　　　　　nǐ xīng qī sān wǎnshang　　　ma

Linda: 没 有。
　　　　méi yǒu

玛丽: 我 们 _____ 去 _____ 电 影, 行 吗?
mǎ lì　wǒ men　　　qù　　　diàn yǐng xíng ma

Linda: _____, 几 点 去?
　　　　　　　jǐ diǎn qù

玛丽: 7 点 _____, 可 以 吗?
mǎ lì　　diǎn　　　　kě yǐ ma

Linda: _____。

6. Complete the following table.

Day of a week	Activities
星期一	dǎ lánqiú 打篮球
星期二	
星期三	
星期四	
星期五	
星期六	
星期日	

7. **Exercises on Chinese characters.**

(1) Identify the components of each of the following Chinese characters.

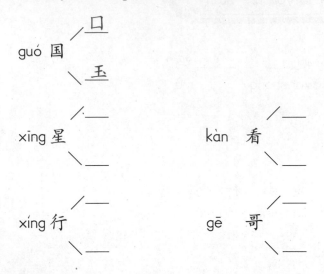

guó 国 ⟨ 口 / 玉

xīng 星 ⟨ — / —

kàn 看 ⟨ — / —

xíng 行 ⟨ — / —

gē 哥 ⟨ — / —

(2) Form Chinese characters by using the following given components.

艹 + 卩 → (jié 节)

目 + 垂 → （　　　）　　王 + 见 → （　　　　）

足 + 艮 → （　　　）　　景 + 彡 → （　　　　）

(3) Write the characters by following the stroke order.

diàn	电	电	电	电	电	电						
dǎ	打	打	打	打	打							
xīng	星	星	星	星	星	星	星	星	星	星		
kàn	看	看	看	看	看	看	看	看	看	看		
qī	期	期	期	期	期	期	期	期	期	期	期	期	期

23 今天天气怎么样
jīn tiān tiān qì zěn me yàng

1. Supply *Pinyin* for the following words.

下午   xiàwǔ   可能 _____

上午 _____   下雨 _____

雨伞 _____   刮风 _____

怎么样 _____   听音乐 _____

2. Find the corresponding Chinese for the English.

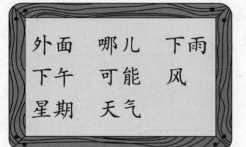

weather   天气   maybe _____

rain _____   where _____

outside _____   afternoon _____

wind _____   week _____

3. Form words with the characters in the box and add *Pinyin*.

(1)   雨伞 yǔsǎn   (2) _____

(3) _____   (4) _____

(5) _____   (6) _____

(7) _____   (8) _____

4. Complete the following dialogues according to the pictures.

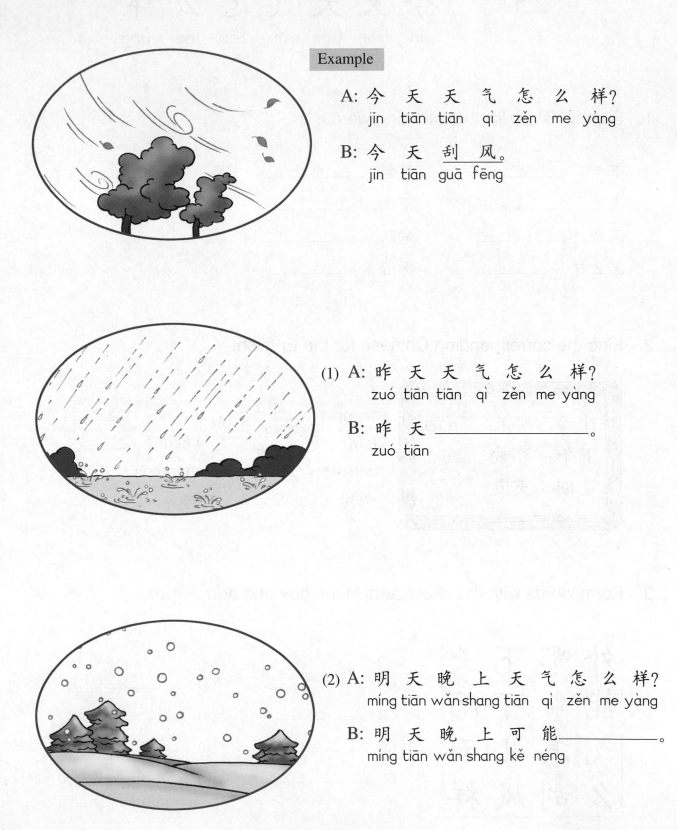

Example

A: 今 天 天 气 怎 么 样?
jīn tiān tiān qì zěn me yàng

B: 今 天 刮 风。
jīn tiān guā fēng

(1) A: 昨 天 天 气 怎 么 样?
zuó tiān tiān qì zěn me yàng

B: 昨 天 ＿＿＿＿＿＿＿。
zuó tiān

(2) A: 明 天 晚 上 天 气 怎 么 样?
míng tiān wǎn shang tiān qì zěn me yàng

B: 明 天 晚 上 可 能＿＿＿＿＿。
míng tiān wǎn shang kě néng

5. Complete the following dialogue with the words in the box.

可能	带	吧	在	现在	怎么样	去
kěnéng	dài	ba	zài	xiànzài	zěnmeyàng	qù

A: 妈 妈，今 天 天 气 ＿＿＿＿？
mā ma   jīn tiān tiān qì

B: ＿＿＿刮 风，晚 上 ＿＿＿下 雨。你 有 事 吗?
guā fēng wǎnshang   xià yǔ   nǐ yǒu shì ma

A: 是 的，晚 上 我 ＿＿＿外 面。
shì de   wǎnshang wǒ   wài mian

B: 你 ＿＿＿上 雨 伞 ＿＿＿!
nǐ   shàng yǔ sǎn

A: 好，雨 伞 ＿＿＿哪 儿?
hǎo   yǔ sǎn   nǎr

B: 在 这 里，给 你。
zài zhè li   gěi nǐ

6. Complete the following table.

Day of a week	Weather
星期一	xià xuě 下雪
星期二	
星期三	
星期四	
星期五	
星期六	
星期日	

7. Exercises on Chinese characters.

(1) Identify the components of each of the following Chinese characters.

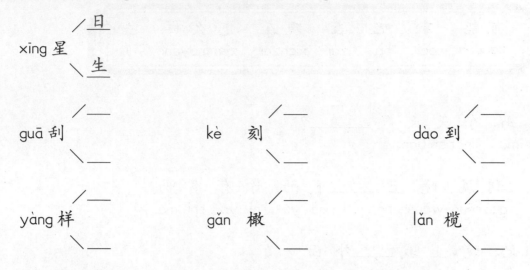

xīng 星 ╱ 日
　　　　╲ 生

guā 刮 ╱ ＿
　　　　╲ ＿

kè 刻 ╱ ＿
　　　　╲ ＿

dào 到 ╱ ＿
　　　　╲ ＿

yàng 样 ╱ ＿
　　　　╲ ＿

gǎn 橄 ╱ ＿
　　　　╲ ＿

lǎn 榄 ╱ ＿
　　　　╲ ＿

(2) Form Chinese characters by using the following given components.

其＋月→（qī 期）

舌＋刂→（　　）　　亥＋刂→（　　）　　至＋刂→（　　）

乍＋心→（　　）　　因＋心→（　　）　　亻＋尔＋心→（　　）

(3) Write the characters by following the stroke order.

| qì | 气 | 气 气 气 气 | | | | | | | |
| zěn... | | | | | | | | | |

qì	气	气 气 气 气							
fēng	风	风 风 风 风							
sǎn	伞	伞 伞 伞 伞 伞 伞							
yǔ	雨	雨 雨 雨 雨 雨 雨 雨 雨							
zěn	怎	怎 怎 怎 怎 怎 怎 怎 怎 怎							

24 冬天冷，夏天热
dōng tiān lěng　xià tiān rè

1. Supply *Pinyin* for the following words.

节日 ___jiérì___   最近 _____

非常 _____   秋天 _____

夏天 _____   新年 _____

常常 _____   觉得 _____

2. Find the corresponding Chinese for the English.

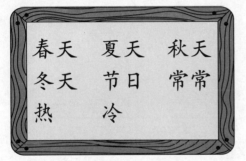

春天	夏天	秋天
冬天	节日	常常
热	冷	

spring ___春天___   festival _____

often _____   cold _____

hot _____   winter _____

summer _____   autumn _____

3. Complete the crossword of *Pinyin*.

dōngtiān	冬天
míngtiān	明天
zuìjìn	最近
juéde	觉得
dǎsuan	打算

4. Choose the correct responses.

Example 现 在 几 点?
xiàn zài jǐ diǎn

现 在 9 点 半。
xiàn zài   diǎn bàn

◆ 现 在 十 号。
xiàn zài shí hào

◆ 现 在 9 点 半。
xiàn zài   diǎn bàn

(1) 今 天 几 月 几 号?
jīn tiān jǐ yuè jǐ hào

_____

◆ 今 天 十 二 号。
jīn tiān shí èr hào

◆ 今 天 六 月 十 二 号。
jīn tiān liù yuè shí èr hào

(2) 星 期 六 你 跟 谁 一 起 去 看 电 影?
xīng qī liù nǐ gēn shuí yì qǐ qù kàn diàn yǐng

_____

◆ 星 期 六 王 家 明 去 看 电 影。
xīng qī liù wáng jiā míng qù kàn diàn yǐng

◆ 星 期 六 我 跟 王 家 明 一 起 去 看 电 影。
xīng qī liù wǒ gēn wáng jiā míng yì qǐ qù kàn diàn yǐng

(3) 昨 天 天 气 怎 么 样?
zuó tiān tiān qì zěn me yàng

_____

◆ 昨 天 下 雨。
zuó tiān xià yǔ

◆ 昨 天 可 能 下 雨。
zuó tiān kě néng xià yǔ

(4) 你 觉 得 这 里 的 秋 天 怎 么 样?
　　nǐ jué de zhè li de qiū tiān zěn me yàng

◆ 我 很 喜 欢 这 里 的 秋 天。
　wǒ hěn xǐ huan zhè li de qiū tiān

◆ 我 觉 得 这 里 的 秋 天 不 冷。
　wǒ jué de zhè li de qiū tiān bù lěng

5. Write a short passage about the weather of your city with the given words.

这里	zhèli
天气	tiānqì
春天	chūntiān
夏天	xiàtiān
秋天	qiūtiān
冬天	dōngtiān
下雨	xià yǔ
冷	lěng
热	rè
风	fēng

6. Exercises on Chinese characters.

(1) Identify the components of each of the following Chinese characters.

zǎo 早 ╱ 旦
　　　　 ╲ 十

xīn 新 ╱ ___
　　　　 ╲ ___

qiū 秋 ╱ ___
　　　　 ╲ ___

lěng 冷 ╱ ___
　　　　 ╲ ___

zuì 最 ╱ ___
　　　　 ╲ ___

(2) Form Chinese characters by using the following given components.

舌 + 刂 → （guā 刮）

禾 + 火 → （　　　）　　　禾 + 口 → （　　　）

执 + 灬 → （　　　）　　　百 + 夂 → （　　　）

(3) Write the characters by following the stroke order.

dōng	冬	冬	冬	冬	冬	冬						
lěng	冷	冷	冷	冷	冷	冷	冷	冷				
jìn	近	近	近	近	近	近	近	近				
qiū	秋	秋	秋	秋	秋	秋	秋	秋	秋	秋		
xià	夏	夏	夏	夏	夏	夏	夏	夏	夏	夏	夏	
zuì	最	最	最	最	最	最	最	最	最	最	最	最

Unit Five

Food and Clothing

25 我要二十个饺子
wǒ yào èr shí ge jiǎo zi

1. Form words with the characters in the box and add *Pinyin*.

先	鸡	饺	秋
饮	刮	蛋	雨
天	伞	料	生
影	子	风	电

(1) __先生 xiānsheng__   (2) _____

(3) _____   (4) _____

(5) _____   (6) _____

(7) _____   (8) _____

2. Find the corresponding English for the Chinese.

egg	a little
drink	bowl
mister	soup
spring	winter

jīdàn   鸡蛋 ___egg___   tāng   汤 _____

wǎn   碗 _____   hē   喝 _____

xiānsheng 先生 _____   chūntiān 春天 _____

dōngtiān 冬天 _____   yìdiǎnr 一点儿 _____

3. Form phrases with the words in the box and add *Pinyin*.

车	篮球	饮料
高兴	法语	
客气	饺子	

chī 吃 __饺子 chī jiǎozi__   hē   喝 _____

dǎ 打 _____   xué 学 _____

bú 不 _____   hěn 很 _____

kāi 开 _____

4. Complete the following dialogues according to the pictures.

Example

A: 您 吃 点 儿 什 么?
   nín chī diǎnr   shén me

B: 十 个 饺 子。
   shí ge jiǎo zi

(1)

A: 您 吃＿＿＿什 么?
   nín chī   shén me

B: 二 十＿＿＿饺 子。
   èr shí   jiǎo zi

(2)

A: 您＿＿＿＿＿?
   nín

B: 二 十＿＿＿饺 子 和 一＿＿＿鸡 蛋 汤。
   èr shí   jiǎo zi hé yì   jī dàn tāng

(3)

A: 您 喝＿＿＿什 么?
   nín hē   shén me

B: 我 要 一＿＿＿鸡 蛋 汤。
   wǒ yào yì   jī dàn tāng

5. Complete the following dialogues with the words in the box.

(1)

还	要	有	几
hái	yào	yǒu	jǐ

A: 先　生，_____鸡　蛋　汤　吗？
　　xiān sheng　　　　jī　dàn　tāng ma

B: 有，您　要_____碗？
　　yǒu nín　yào　　　　wǎn

A: 我_____两　碗。
　　wǒ　　　　liǎng wǎn

B: 您_____要　什　么？
　　nín　　　　yào shén me

A: 谢　谢！不　要　了。
　　xiè　xie　bú　yào　le

(2)

个	点儿	什么	要	碗
gè	diǎnr	shénme	yào	wǎn

A: 先　生，您　吃_____什　么？
　　xiān sheng nín chī　　　　shén　me

B: 我　要　二　十_____饺　子。
　　wǒ yào　èr　shí　　　　jiǎo zi

A: 好。您　喝_____饮　料？
　　hǎo nín hē　　　　yǐn liào

B: 我　不　要　饮　料，我_____一_____鸡　蛋　汤。
　　wǒ bú yào yǐn liào wǒ　　　　yì　　　　jī dàn tāng

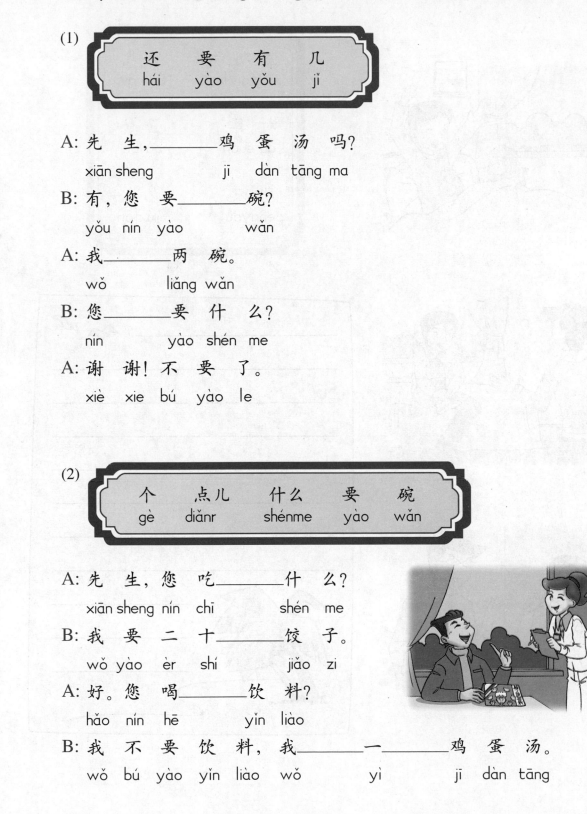

6. Write a short passage with the words given according to the pictures.

星期六 xīng qī liù	天气 tiān qì
打算 dǎ suan	爸爸 bà ba
朋友 péngyou	九点 jiǔ diǎn

7. Exercises on Chinese characters.

(1) Identify the components of each of the following Chinese characters.

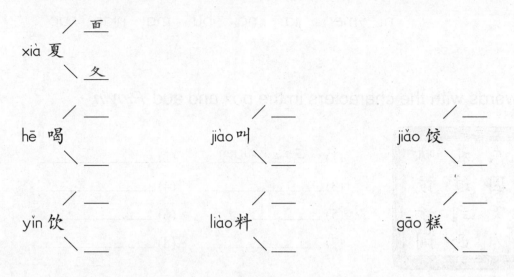

(2) Form Chinese characters by using the following given components.

冫 + 令 → （lěng 冷）　　又 + 欠 → （　　　）　　又 + 鸟 → （　　　）

氵 + 旸 → （　　　）　　礻 + 票 → （　　　）　　石 + 宛 → （　　　）

(3) Write the characters by following the stroke order.

me	么	幺	幺	幺							
yǐn	饮	饮	饮	饮	饮	饮	饮				
diǎn	点	点	点	点	点	点	点	点	点		
liào	料	料	料	料	料	料	料	料	料		
dàn	蛋	蛋	蛋	蛋	蛋	蛋	蛋	蛋	蛋	蛋	蛋

26 你们家买不买年货
nǐ men jiā mǎi bu mǎi nián huò

1. Form words with the characters in the box and add *Pinyin*.

后	东	礼	热
收	因	过	饺
物	天	到	子
年	为	西	闹

(1) 后天 hòutiān (2) _____

(3) _____ (4) _____

(5) _____ (6) _____

(7) _____ (8) _____

2. Translate the following words.

(1) hòutiān 后天 the day after tomorrow   rènao 热闹 _____

míngtiān 明天 _____   qùnián 去年 _____

chángcháng 常常 _____   xiàtiān 夏天 _____

(2) thing 东西 dōngxi   buy _____

use _____   gift _____

receive _____   because _____

3. Form phrases with the words in the box and add *Pinyin*.

| 年 | 东西 | 饺子 | 礼物 |
| 雨 | 快乐 | 圣诞节 | 热闹 |

mǎi 买 礼物 mǎi lǐwù   chī 吃 _____

guò 过 _____   guò 过 _____

yào 要 _____   xià 下 _____

juéde 觉得 _____   fēicháng 非常 _____

4. Complete the following dialogues according to the pictures.

Example

为 什 么 今 天 这 里 很 热 闹？
wèi shén me jīn tiān zhè li hěn rè nao

因 为 今 天 是 春 节。
yīn wèi jīn tiān shì chūn jié

(1)

Jim 为 什 么 带 雨 衣？
wèi shén me dài yǔ yī

因 为 外 面 可 能_____。
yīn wèi wài mian kě néng

(2)

王 家 明 为 什 么 很 高 兴？
wáng jiā míng wèi shén me hěn gāo xìng

因 为 他 收 到 很 多_____。
yīn wèi tā shōu dào hěn duō

(3)

她 为 什 么 喜 欢 这 里 的 春 天？
tā wèi shén me xǐ huan zhè li de chūn tiān

_____不 冷 也 不 热。
bù lěng yě bú rè

(4)

杰 克 为 什 么 觉 得 很 热？
jié kè wèi shén me jué de hěn rè

因 为 他_____。
yīn wèi tā

(5)

玛　丽　为　什　么　很　高　兴?
mǎ　lì　wèi　shén　me　hěn　gāo　xìng

因　为　她　收　到　很　多＿＿＿＿＿＿。
yīn　wèi　tā　shōu　dào　hěn　duō

5. Write sentences after the example.

(1) 王　家　明　买　不　买　年　货?
wáng　jiā　míng　mǎi　bu　mǎi　nián　huò

王　家　明　<u>开　不　开　车</u>?
wáng　jiā　míng　kāi　bu　kāi　chē

_____

_____

开		车
吃		饺子
学		中文

(2) 过　年　的　时　候　有　没　有　礼　物?
guò　nián　de　shí　hou　yǒu　méi　yǒu　lǐ　wù

<u>感　恩　节</u>　的　时　候　有　没　有　<u>压　岁　钱</u>?
gǎn　ēn　jié　de　shí　hou　yǒu　méi　yǒu　yā　suì　qián

_____

_____

感恩节	压岁钱
春天	雨
出门	带伞

6. Write a short passage with the words given according to the pictures.

节 日	过	热 闹	礼 物	收 到	买
jié rì	guò	rè nao	lǐ wù	shōudào	mǎi

7. Exercises on Chinese characters.

(1) Identify the components of each of the following Chinese characters.

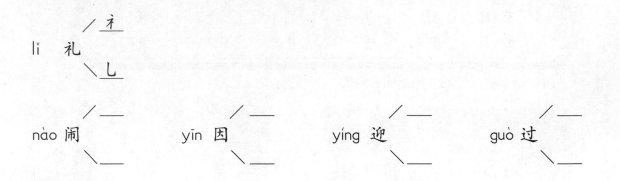

(2) Form Chinese characters by using the following given components.

占 + 灬 → (diǎn 点)

又 + 寸 → (　　　)　　又 + 欠 → (　　　　)

彳 + 艮 → (　　　)　　彳 + 丁 → (　　　　)

(3) Write the characters by following the stroke order.

wèi 为	为	为	为	为						
lǐ 礼	礼	礼	礼	礼	礼					
yīn 因	因	因	因	因	因	因				
nào 闹	闹	闹	闹	闹	闹	闹	闹	闹		

27 一共多少钱

yí gòng duō shao qián

1. Form words with the characters in the box and add *Pinyin*.

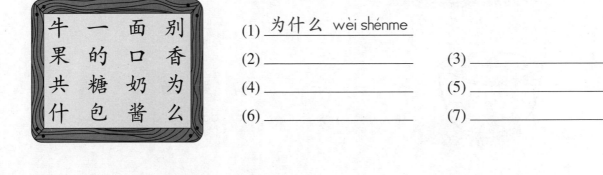

牛 一 面 别
果 的 口 香
共 糖 奶 为
什 包 酱 么

(1) 为什么 wèi shénme

(2) _____ (3) _____

(4) _____ (5) _____

(6) _____ (7) _____

2. Translate the following words.

(1) kǒuxiāngtáng 口香糖 __gum__   zhǎo qián 找钱 _____

   huángyóu 黄油 _____   yīnwèi 因为 _____

   píng 瓶 _____   niúnǎi 牛奶 _____

(2) jam 果酱 guǒ jiàng   bread _____

   money _____   bottle _____

   other _____   altogether _____

3. Choose the correct measure words.

碗 包 瓶 个 块
wǎn bāo píng gè kuài

Example

两 瓶 牛 奶

liǎng píng niú nǎi

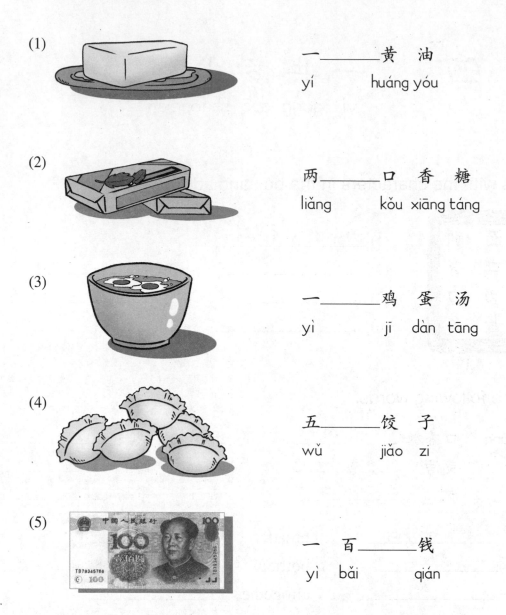

(1) 一＿＿＿＿黄 油
yí   huáng yóu

(2) 两＿＿＿＿口 香 糖
liǎng   kǒu xiāng táng

(3) 一＿＿＿＿鸡 蛋 汤
yì   jī dàn tāng

(4) 五＿＿＿＿饺 子
wǔ   jiǎo zi

(5) 一 百＿＿＿＿钱
yì bǎi   qián

4. Complete the following dialogue with the words in the box.

多少	找	要	瓶	别的	还	个
duōshao	zhǎo	yào	píng	bié de	hái	gè

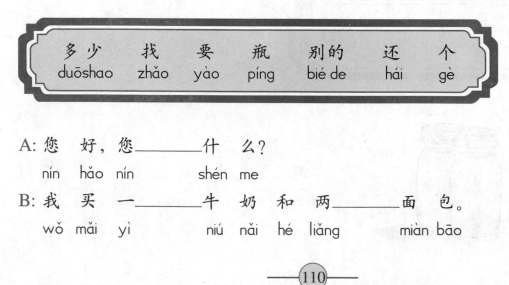

A: 您 好，您＿＿＿＿什 么？
nín hǎo nín   shén me

B: 我 买 一＿＿＿＿牛 奶 和 两＿＿＿＿面 包。
wǒ mǎi yì   niú nǎi hé liǎng   miàn bāo

A: 您　还　要＿＿＿＿东　西　吗？
nín　hái　yào　　　　dōng　xi　ma

B: ＿＿＿＿要　一　包　口　香　糖。一　共＿＿＿＿钱？
　　　yào　yì　bāo　kǒu　xiāng　táng　yí　gòng　　　　qián

A: 一　共　十　四　元。这　是　一　百　元，＿＿＿＿您　八　十　六　元。
yí　gòng　shí　sì　yuán　zhè　shì　yì　bǎi　yuán　　　nín　bā　shí　liù　yuán

5. Write a short passage with the words given according to the pictures.

过年	妈妈	买	天气	冷	钱	一共	找
guònián	mā ma	mǎi	tiān qì	lěng	qián	yígòng	zhǎo

6. Exercises on Chinese characters.

(1) Identify the components of each of the following Chinese characters.

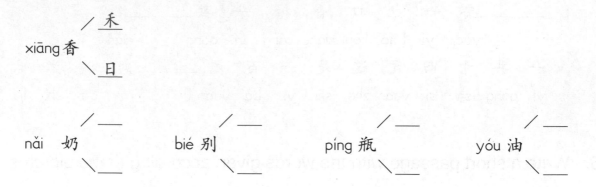

xiāng 香 ／ 禾 ＼ 日

nǎi 奶 ／ ― ＼ ―   bié 别 ／ ― ＼ ―   píng 瓶 ／ ― ＼ ―   yóu 油 ／ ― ＼ ―

(2) Form Chinese characters by using the following given components.

米＋唐→（táng 糖）

钅＋戈→（　　）　　扌＋戈→（　　）

土＋夬→（　　）　　日＋木→（　　）

(3) Write the characters by following the stroke order.

bāo 包	包	包	包	包	包				
gòng 共	共	共	共	共	共	共			
bié 别	别	别	别	别	别	别	别		
guǒ 果	果	果	果	果	果	果	果	果	
xiāng 香	香	香	香	香	香	香	香	香	香

28　你喜欢什么颜色

nǐ　xǐ　huan shén　me　yán　sè

1. Form words with the characters in the box and add *Pinyin*.

蓝	明	草	树
海	口	木	绿
面	地	大	色
亮	糖	包	香

(1) <u>蓝色 lánsè</u>　　　　(2) _____

(3) _____　　　　(4) _____

(5) _____　　　　(6) _____

(7) _____　　　　(8) _____

2. Find the corresponding Chinese for the English.

| 大海 | 红色 | 橙色 | 绿色 |
| 树木 | 明亮 | 打算 | 电影 |

sea　　　　<u>大海</u>　　　　　green　　　_____

plan　　_____　　　trees　　_____

red　　_____　　　bright　_____

orange　_____　　　movie　_____

3. Form phrases with the words in the box and add *Pinyin*.

| 年 | | 哪里 | 下雨 |
| 光盘 | 礼物 | | 口香糖 |

(1) 收到 <u>礼物 shōudào lǐwù</u>　　　　(2) 过 _____

(3) 在 _____　　　　(4) 可能 _____

(5) 一包 _____　　　　(6) 一张 _____

4. Answer the questions according to the pictures.

Example

大 海 是 什 么 颜 色 的?
dà hǎi shì shén me yán sè de

<u>大 海 是 蓝 色 的。</u>
dà hǎi shì lán sè de

(1) 树 木 和 草 地 是 什 么 颜 色 的?
shù mù hé cǎo dì shì shén me yán sè de

_____

(2) 果 酱 是 不 是 红 色 的?
guǒ jiàng shì bu shì hóng sè de

_____

(3) 你 喜 欢 绿 色 吗?
nǐ xǐ huan lǜ sè ma

_____

5. Complete the following dialogues with the words in the box.

(1)

什 么	为 什 么	红 色	很	喜 欢
shén me	wèi shén me	hóng sè	hěn	xǐ huan

A: 你 喜 欢_____颜 色?
　 nǐ xǐ huan　　yán sè

B: 我 喜 欢_____。你 呢?
　 wǒ xǐ huan　　 nǐ ne

A: 我_____蓝 色。你_____喜 欢 红 色？
　　wǒ　　　 lán sè nǐ　　　 xǐ huan hóng sè

B: 因 为 红 色_____明 亮。
　 yīn wèi hóng sè　　　 míng liàng

(2)

种	因为	最	喜欢	吗
zhǒng	yīnwèi	zuì	xǐhuan	ma

A: Jim，你_____橙 色_____？
　　　　　 nǐ　　　 chéng sè

B: 是 的，我_____喜 欢 橙 色。
　 shì de wǒ　　　 xǐ huan chéng sè

A: 你 为 什 么 最 喜 欢 这_____颜 色？
　 nǐ wèi shén me zuì xǐ huan zhè　　　 yán sè

B: _____我 爸 爸 的 车 是 橙 色 的。
　　　　　 wǒ bà ba de chē shì chéng sè de

6. Write a short passage with the words given according to the picture.

颜色	红色	蓝色
yán sè	hóngsè	lán sè
最	为什么	因为
zuì	wèishénme	yīnwèi

7. Exercises on Chinese characters.

(1) Identify the components of each of the following Chinese characters.

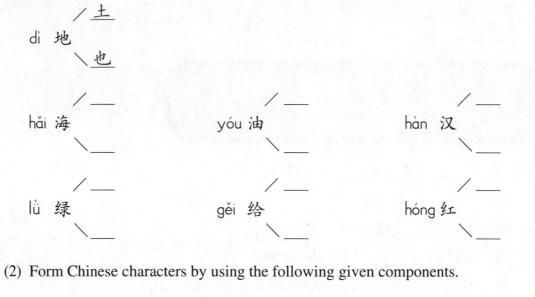

dì 地 ╱ 土
　　　 ╲ 也

hǎi 海 ╱ __
　　　 ╲ __

yóu 油 ╱ __
　　　 ╲ __

hàn 汉 ╱ __
　　　 ╲ __

lǜ 绿 ╱ __
　　　 ╲ __

gěi 给 ╱ __
　　　 ╲ __

hóng 红 ╱ __
　　　 ╲ __

(2) Form Chinese characters by using the following given components.

口＋大→（ yīn 因 ）

艹＋早→（ 　　 ）　　　　艹＋监→（ 　　 ）　　　ナ＋月→（ 　　 ）

木＋又＋寸→（ 　　 ）　　其＋月→（ 　　 ）　　　木＋登→（ 　　 ）

(3) Write the characters by following the stroke order.

mù 木	木 木 木 木
sè 色	色 色 色 色 色 色
hóng 红	红 红 红 红 红 红
hǎi 海	海 海 海 海 海 海 海 海 海 海
lǜ 绿	绿 绿 绿 绿 绿 绿 绿 绿 绿 绿 绿

29

穿 这 件 还 是 穿 那 件
chuān zhè jiàn hái shì chuān nà jiàn

1. Form words with the characters in the box and add *Pinyin*.

错	服	如	是
衣	还	因	子
裙	果	不	树
色	木	为	黑

(1) _____衣服 yifu_____   (2) _____

(3) _____   (4) _____

(5) _____   (6) _____

(7) _____   (8) _____

2. Find the corresponding Chinese for the English.

如果	衣服	不错	黑色
还是	穿	草地	橙色

if	_____如果_____	black	_____
or	_____	not bad	_____
wear	_____	clothes	_____
grassland	_____	orange	_____

3. Make up conversations according to the example and pictures.

Example

吃 饺 子 / 吃 包 子
chī jiǎo zi   chī bāo zi

A: 你 吃 饺 子 还 是 吃 包 子?
   nǐ chī jiǎo zi hái shì chī bāo zi

B: 我 吃 饺 子。
   wǒ chī jiǎo zi

(1) 喝 饮 料 / 喝 汤
hē yǐn liào hē tāng

A: _____

B: _____

(2) 穿 红 色 衣 服 / 穿 蓝 色 衣 服
chuān hóng sè yī fu chuān lán sè yī fu

A: _____

B: _____

(3) 喜 欢 猫 / 喜 欢 狗
xǐ huan māo xǐ huan gǒu

A: _____

B: _____

4. **Write sentences after the example.**

Example

玛 丽 喜 欢 红 色 还 是 喜 欢 蓝 色?
mǎ lì xǐ huan hóng sè hái shì xǐ huan lán sè

你 打 篮 球 还 是 打 橄 榄 球?
nǐ dǎ lán qiú hái shì dǎ gǎn lǎn qiú

_____

_____

_____

打篮球	打橄榄球
喜欢秋天	喜欢冬天
学汉语	学法语
带雨伞	带雨衣

5. Write a short passage with the words given according to the picture.

喜欢　　　　颜色　　　　还是　　　　因为
xǐ huan　　 yán sè　　　hái shì　　　yīnwèi

漂亮　　　 衣服　　　 件　　　　配　　　　觉得
piàoliang　　yī fu　　　jiàn　　　pèi　　　jué de

6. Exercises on Chinese characters.

(1) Identify the components of each of the following Chinese characters.

sè　色
　　　　／　　ク
　　　　＼　　巴

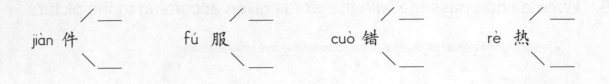

jiàn 件   fú 服   cuò 错   rè 热

(2) Form Chinese characters by using the following given components.

氵＋每→（ hǎi 海 ）   女＋口→（   ）   女＋马→（   ）

女＋乃→（   ）   酉＋己→（   ）   彦＋页→（   ）

(3) Write the characters by following the stroke order.

yī 衣	衣	衣	衣	衣	衣	衣							
rú 如	如	如	如	如	如	如							
fú 服	服	服	服	服	服	服	服						
chuān 穿	穿	穿	穿	穿	穿	穿	穿	穿	穿				
hēi 黑	黑	黑	黑	黑	黑	黑	黑	黑	黑	黑	黑	黑	

30 他什么样子
tā shén me yàng zi

1. Form words with the characters in the box and add *Pinyin*.

(1) ____头发 tóufa____   (2) _____

(3) _____   (4) _____

(5) _____   (6) _____

(7) _____   (8) _____

2. Translate the following words.

(1) tóufa 头发 ____hair____   nán 男 _____

   cháng 长 _____   mòjìng 墨镜 _____

   zǐsè 紫色 _____   rúguǒ 如果 _____

(2) white _____   yellow _____

   number _____   appearance _____

   sea _____   green _____

3. Complete the crossword of *Pinyin*.

后天   热闹   头发
hòutiān   rè nao   tóu fa

我的   如果
wǒ de   rú guǒ

4. Choose the appropriate measure words.

辆	副	张	盒	只	件
liàng	fù	zhāng	hé	zhī	jiàn

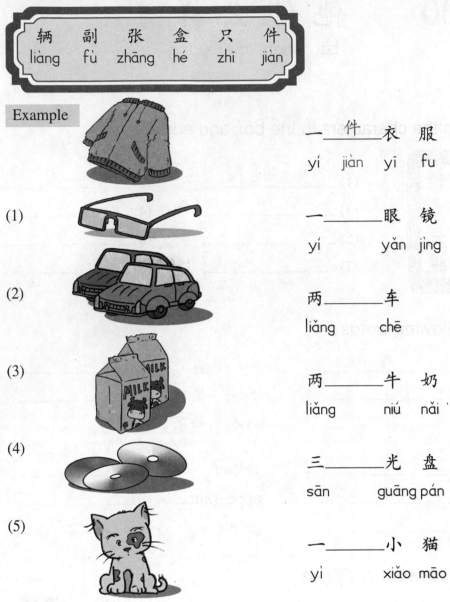

Example

一___件___衣 服
yí jiàn yī fu

(1) 一_____眼 镜
yí   yǎn jìng

(2) 两_____车
liǎng   chē

(3) 两_____牛 奶
liǎng   niú nǎi

(4) 三_____光 盘
sān   guāng pán

(5) 一_____小 猫
yì   xiǎo māo

5. Choose the correct responses.

(1) 你 要 什 么?
nǐ yào shén me

_____

◆ 我 吃 二 十 个 饺 子。
wǒ chī èr shí gè jiǎo zi

◆ 我 要 二 十 个 饺 子。
wǒ yào èr shí gè jiǎo zi

(2) 为 什 么 今 天 很 冷?
　　wèi shén me　jīn tiān hěn lěng

◆ 因 为 今 天 下 雨。
　yīn wèi jīn tiān xià yǔ

◆ 因 为 这 里 是 冬 天。
　yīn wèi zhè li shì dōng tiān

(3) 一 共 多 少 钱?
　　yí gòng duō shao qián

◆ 一 共 三 十 五 元。
　yí gòng sān shí wǔ yuán

◆ 找 您 十 五 元。
　zhǎo nín shí wǔ yuán

(4) 开 车 的 人 是 男 的 还 是 女 的?
　　kāi chē de rén shì nán de hái shì nǔ de

◆ 一 个 女 人 开 车。
　yí gè nǔ rén kāi chē

◆ 开 车 的 人 是 女 的。
　kāi chē de rén shì nǔ de

(5) 你 的 裙 子 是 什 么 颜 色 的?
　　nǐ de qún zi shì shén me yán sè de

◆ 我 的 裙 子 白 色 的。
　wǒ de qún zi bái sè de

◆ 我 的 裙 子 是 白 色 的。
　wǒ de qún zi shì bái sè de

6. Write a short passage with the words given according to the picture.

女的 nǚ de	长 cháng	戴 dài
墨镜 mò jìng	裙子 qún zi	颜色 yán sè
头发 tóu fa	衣服 yī fu	

7. Exercises on Chinese characters.

(1) Identify the components of each of the following Chinese characters.

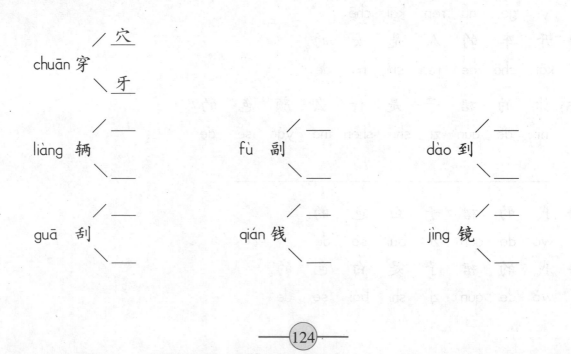

chuān 穿 ／ 穴
　　　　＼ 牙

liàng 辆 ／ ＿
　　　　＼ ＿

fù 副 ／ ＿
　　　＼ ＿

dào 到 ／ ＿
　　　＼ ＿

guā 刮 ／ ＿
　　　＼ ＿

qián 钱 ／ ＿
　　　＼ ＿

jìng 镜 ／ ＿
　　　＼ ＿

(2) Form Chinese characters by using the following given components.

月＋艮→（ fú 服 ）

里＋灬→（　　　）　　片＋卑→（　　　）

田＋力→（　　　）　　里＋灬＋土→（　　　）

(3) Write the characters by following the stroke order.

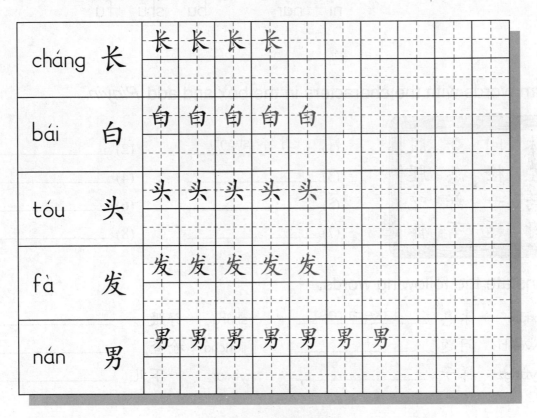

cháng 长	长 长 长 长							
bái 白	白 白 白 白 白							
tóu 头	头 头 头 头 头							
fà 发	发 发 发 发 发							
nán 男	男 男 男 男 男 男 男							

Unit Six

Sports and Health

(31) 你 哪 儿 不 舒 服
nǐ nǎr   bù shū fu

1. Form words with the characters in the box and add *Pinyin*.

休	问	查	服
左	检	息	腿
药	一	舒	吃
身	题	下	体

(1) _____身体 shēntǐ_____ (2) _____

(3) _____ (4) _____

(5) _____ (6) _____

(7) _____ (8) _____

2. Translate the following words.

(1) xiūxi   休息 ___take a rest___   shūfu   舒服 _____

wèntí   问题 _____   jiǎnchá 检查 _____

yàngzi   样子 _____   yíxiàr   一下儿 _____

(2) head ___头___   pains   _____

left   _____   long   _____

leg   _____   medicine _____

3. Write the Chinese names of the body parts in the picture.

(1) ___头 tóu___   (2) _____

(3) _____   (4) _____

(5) _____   (6) _____

(7) _____   (8) _____

(9) _____   (10) _____

4. Complete the following dialogues with the words in the box.

(1)

也	一下	哪儿	舒服	疼
yě	yí xià	nǎr	shū fu	téng

A: 你_____疼?
　 nǐ　　　 téng

B: 我 的 腿_____。
　 wǒ de tuǐ

A: 还 有 哪 儿 不_____?
　 hái yǒu nǎr　　 bù

B: 我 的 头_____有 点 儿 疼。
　 wǒ de tóu　　　 yǒu diǎnr　téng

A: 好, 我 检 查_____。
　 hǎo wǒ jiǎn chá

(2)

一天	有点儿	问题	哪儿
yì tiān	yǒudiǎnr	wèn tí	nǎr

A: 医 生, 我 的 身 体 有_____吗?
　 yī shēng wǒ de shēn tǐ yǒu　　 ma

B: 你_____不 舒 服?
　 nǐ　　　 bù shū fu

A: 我 的 头_____疼。
　 wǒ de tóu　　 téng

B: 吃 点 药, 休 息_____。
　 chī diǎn yào xiū xi

A: 谢 谢!
　 xiè xie

5. Write sentences after the example.

(1) 杰 克 的 头 有 点 儿 疼。
jié kè de tóu yǒu diǎnr téng

王 家 明 的 肚 子 有 点 儿 疼。
wáng jiā míng de dù zi yǒu diǎnr téng

_____

_____

王家明	肚子
林老师	腿
妈妈	眼睛

(2) 爸 爸 的 头 有 点 儿 不 舒 服。
bà ba de tóu yǒu diǎnr bù shū fu

爷 爷 的 右 腿 有 点 儿 不 舒 服。
yé ye de yòu tuǐ yǒu diǎnr bù shū fu

_____

_____

爷爷	右腿
玛丽	手
哥哥	耳朵

6. Write a short passage with the words given according to the picture.

| 舒服 | 疼 | 有点儿 | 检查 | 药 | 休息 |
| shū fu | téng | yǒudiǎnr | jiǎnchá | yào | xiū xi |

7. Exercises on Chinese characters.

(1) Identify the components of each of the following Chinese characters.

nán 男 ／ 田
　　　 ＼ 力

qī 期 ／ ___
　　　 ＼ ___

fú 服 ／ ___
　　　 ＼ ___

dù 肚 ／ ___
　　　 ＼ ___

shū 舒 ／ ___
　　　 ＼ ___

chéng 橙 ／ ___
　　　 ＼ ___

xiū 休 ／ ___
　　　 ＼ ___

(2) Form Chinese characters by using the following given components.

车＋两→（liàng 辆）

广＋冬→（　　　）　　舍＋予→（　　　）　　纟＋工→（　　　）

纟＋录→（　　　）　　是＋页→（　　　）　　彦＋页→（　　　）

(3) Write the characters by following the stroke order.

zuǒ	左	左	左	左	左	左								
xiū	休	休	休	休	休	休	休							
yào	药	药	药	药	药	药	药	药	药	药				
tuǐ	腿	腿	腿	腿	腿	腿	腿	腿	腿	腿	腿	腿	腿	腿

32　医生，我牙疼
yī shēng　wǒ yá téng

1. Form words with the characters in the box and add *Pinyin*.

应	面	糕	该
后	欢	生	检
医	以	糟	休
息	下	查	喜

(1) __应该 yīnggāi__　　(2) _____

(3) _____　　(4) _____

(5) _____　　(6) _____

(7) _____　　(8) _____

2. Translate the following words.

(1) yīnggāi　应该　__should__　　xiàmian　下面　_____

　　yǐhòu　以后　_____　　shǎo　少　_____

　　dìyī　第一　_____　　zāogāo　糟糕　_____

(2) left　_____　　sugar　_____

　　tooth　_____　　chocolate　_____

　　the second　_____　　the fourth　_____

3. Make up conversations according to the examples and pictures.

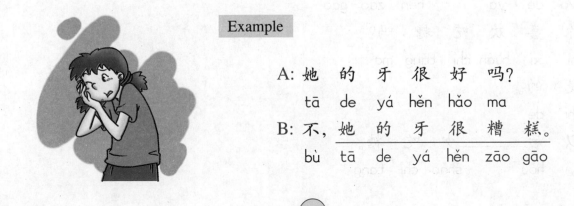

Example

A: 她　的　牙　很　好　吗？
　 tā　de　yá　hěn　hǎo　ma

B: 不，她　的　牙　很　糟　糕。
　 bù　tā　de　yá　hěn　zāo　gāo

(1) A: 她 的 牙 很 糟 糕 吗?
　　　 tā de yá hěn zāo gāo ma

B: 不, _____。
　　bù

(2) A: 他 的 身 体 很 好 吗?
　　　 tā de shēn tǐ hěn hǎo ma

B: 不, _____。
　　bù

4. Complete the following dialogue with the words in the box.

也	怎么样	还	应该	糟糕
yě	zěnmeyàng	hái	yīnggāi	zāogāo

A: 我 的 身 体 _____?
　 wǒ de shēn tǐ

B: 你 的 身 体 很 _____。
　 nǐ de shēn tǐ hěn

A: 我 的 腿 常 常 疼。
　 wǒ de tuǐ chángcháng téng

B: _____ 有 哪 儿 不 好?
　　　　　 yǒu nǎr bù hǎo

A: 我 的 牙 _____ 很 糟 糕。
　 wǒ de yá hěn zāo gāo

B: 你 喜 欢 吃 糖 吗?
　 nǐ xǐ huan chī táng ma

A: 是 的。
　 shì de

B: 以 后 _____ 少 吃 糖。
　 yǐ hòu shǎo chī táng

5. Translate the following sentences.

(1) 你 的 哪 一 颗 牙 疼？
　　nǐ　de　nǎ　yì　kē　yá　téng

_____

(2) 左 边 的 那 个 人 是 我 爷 爷。
　　zuǒ bian de　nà　gè　rén　shì　wǒ　yé　ye

_____

(3) 你 是 不 是 很 喜 欢 吃 糖？
　　nǐ　shì　bu　shì　hěn　xǐ　huan　chī　táng

_____

(4) 现 在 王 校 长 应 该 休 息。
　　xiàn　zài　wáng xiào zhǎng yīng　gāi　xiū　xi

_____

6. Write a short passage with the words given according to the picture.

牙 疼　　医 生　　右 边
yá téng　yīsheng　yòubian

左 边　　喜 欢　　应 该
zuǒ bian　xǐ huan　yīnggāi

—133—

7. Exercises on Chinese characters.

(1) Identify the components of each of the following Chinese characters.

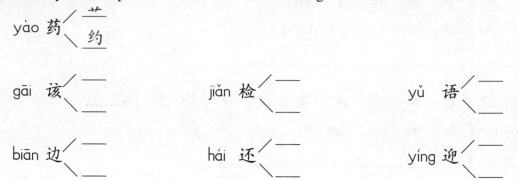

yào 药 ⟨ 艹 约

gāi 该 ⟨ ⎯ ⎯   jiǎn 检 ⟨ ⎯ ⎯   yǔ 语 ⟨ ⎯ ⎯

biān 边 ⟨ ⎯ ⎯   hái 还 ⟨ ⎯ ⎯   yíng 迎 ⟨ ⎯ ⎯

(2) Form Chinese characters by using the following given components.

月＋辶＋艮→（ tuǐ 腿 ）

米＋唐→（　　　）　　米＋曹→（　　　）　　米＋羊→（　　　）

果＋页→（　　　）　　牛＋勿→（　　　）　　工＋丂→（　　　）

(3) Write the characters by following the stroke order.

yá 牙	牙	牙	牙	牙							
yòu 右	右	右	右	右	右						
qiǎo 巧	巧	巧	巧	巧	巧						
hòu 后	后	后	后	后	后	后					
yīng 应	应	应	应	应	应	应	应				
dì 第	第	第	第	第	第	第	第	第	第	第	第

你 会 游 泳 吗
nǐ huì yóu yǒng ma

1. Form words with the characters in the box and add *Pinyin*.

要	锻	经	时
步	游	跑	运
第	间	炼	是
动	三	常	泳

(1) __跑步 pǎobù__ (2) _____

(3) _____ (4) _____

(5) _____ (6) _____

(7) _____ (8) _____

2. Translate the following words.

(1) yàoshi 要是 _____if_____ duànliàn 锻炼 _____

   shíjiān 时间 _____ yǒu shíhou 有时候 _____

   hàomǎ 号码 _____ hēisè 黑色 _____

(2) jam _____ run _____

   swim _____ sport _____

   often _____ pains _____

3. Answer the questions according to the pictures.

Example

你 会 游 泳 吗?
nǐ huì yóu yǒng ma
是 的, 我 会 游 泳。
shì de wǒ huì yóu yǒng

(1) 大 卫 会 开 车 吗？
　　dà wèi huì kāi chē ma

不，_____
bù

(2) 你 的 爸 爸 经 常 跑 步 吗？
　　nǐ de bà ba jīng cháng pǎo bù ma

是 的，_____
shì de

(3) 弟 弟 经 常 锻 炼 身 体 吗？
　　dì di jīng cháng duàn liàn shēn tǐ ma

不，_____
bù

4. Write sentences after the example.

Example

你 会 游 泳 吗？
nǐ huì yóu yǒng ma

玛 丽 会 开 车 吗？
mǎ lì huì kāi chē ma

_____

_____

_____

玛丽	开车
杰克	打篮球
林老师	说法语
妹妹	穿衣服

5. Translate the following sentences.

(1) 爸 爸 经 常 锻 炼 身 体。
　　bà　ba　jīng cháng duàn liàn shēn tǐ

_____

(2) 你 喜 欢 什 么 运 动?
　　nǐ　xǐ　huan shén　me　yùn dòng

_____

(3) 我 弟 弟 不 喜 欢 游 泳。
　　wǒ　dì　di　bù　xǐ　huan yóu yǒng

_____

(4) 要 是 有 时 间, 你 教 我 打 篮 球 吧!
　　yào shì yǒu shí jiān　nǐ　jiāo wǒ　dǎ　lán qiú　ba

_____

6. Write a short passage with the words given according to the picture.

运 动　　　锻 炼　　　经 常
yùn dòng　　duàn liàn　　jīng chéng

游 泳　　　打 球　　　时 间
yóu yǒng　　dǎ qiú　　　shí jiān

137

7. Exercises on Chinese characters.

(1) Identify the components of each of the following Chinese characters.

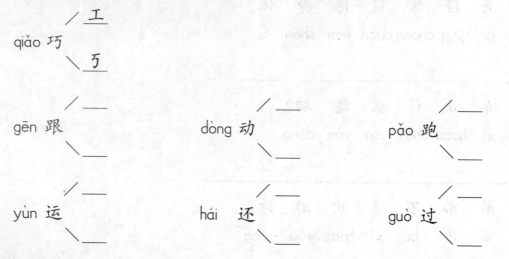

qiǎo 巧 　／ 工
　　　　＼ 丂

gēn 跟 　／ ___
　　　　＼ ___

dòng 动 　／ ___
　　　　＼ ___

pǎo 跑 　／ ___
　　　　＼ ___

yùn 运 　／ ___
　　　　＼ ___

hái 还 　／ ___
　　　　＼ ___

guò 过 　／ ___
　　　　＼ ___

(2) Form Chinese characters by using the following given components.

讠＋亥→（ gāi 该 ）

氵＋每→（　　　）　　　氵＋永→（　　　）

纟＋至→（　　　）　　　纟＋工→（　　　）

(3) Write the characters by following the stroke order.

dòng 动	动	动	动	动	动	动								
shí 时	时	时	时	时	时	时								
bù 步	步	步	步	步	步	步	步							
yǒng 泳	泳	泳	泳	泳	泳	泳	泳	泳						
duàn 锻	锻	锻	锻	锻	锻	锻	锻	锻	锻	锻	锻	锻	锻	锻

34 去游泳池怎么走
qù yóu yǒng chí zěn me zǒu

1. Form words with the characters in the box and add *Pinyin*.

担 路 游 萨
比 运 么 池
跑 步 饼 口
泳 怎 心 动

(1) ___担心 dānxīn___   (2) _____

(3) _____   (4) _____

(5) _____   (6) _____

(7) _____

2. Find the corresponding Chinese for the English.

等　　东　　别担心　　怎么
游泳池　感恩节　锻炼　　右

how to	___怎么___	east	_____
right	_____	wait	_____
don't worry	_____	do exercise	_____
Thanks-giving Day	_____	swimming pool	_____

3. Complete the following sentences.

Example

A: 你 去 不 去 游 泳?
　　nǐ qù bu qù yóu yǒng

B: 我 不 会 游 泳，我 不 去。
　　wǒ bú huì yóu yǒng wǒ bú qù

(1)

A: 你 _____ 打 篮 球?
　　nǐ　　　　　　dǎ　lán　qiú

B: 我 不 喜 欢 打 篮 球, 我 不 去。
　　wǒ　bù　xǐ　huan　dǎ　lán　qiú　wǒ　bú　qù

(2)

A: 去 Jim 家 怎 么 走?
　　qù　　　　jiā　zěn　me　zǒu

B: 向 东 _____, 在 第 一 个 路 口 _____ 左 拐。
　　xiàngdōng　　　　zài　dì　yī　ge　lù　kǒu　　　　zuǒ　guǎi

(3)

A: _____ 柏 树 街 _____?
　　　　　　bǎi　shù　jiē

B: 在 第 二 个 路 口 向 右 拐。
　　zài　dì　èr　ge　lù　kǒu　xiàng　yòu　guǎi

4. Write sentences after the example.

去 游 泳 池 怎 么 走?
qù　yóu　yǒng　chí　zěn　me　zǒu

去 面 包 店 怎 么 走?
qù　miàn　bāo　diàn　zěn　me　zǒu

_____

_____

_____

_____

面包店

比萨饼店

柏树街

校长家

5. Translate the following sentences.

(1) 别 担 心，那 里 有 医 生。
bié dān xīn nà li yǒu yī shēng

_____

(2) 别 担 心， 今 天 不 可 能 下 雨。
bié dān xīn jīn tiān bù kě néng xià yǔ

_____

(3) 在 第 一 个 路 口 向 左 拐。
zài dì yī ge lù kǒu xiàng zuǒ guǎi

_____

(4) 去 玛 丽 家 怎 么 走?
qù mǎ lì jiā zěn me zǒu

_____

6. Write a short passage with the words given according to the picture.

学   身体   锻炼
xué   shēn tǐ   duàn liàn

舒服   担心   教练
shū fu   dān xīn   jiào liàn

7. Exercises on Chinese characters.

(1) Identify the components of each of the following Chinese characters.

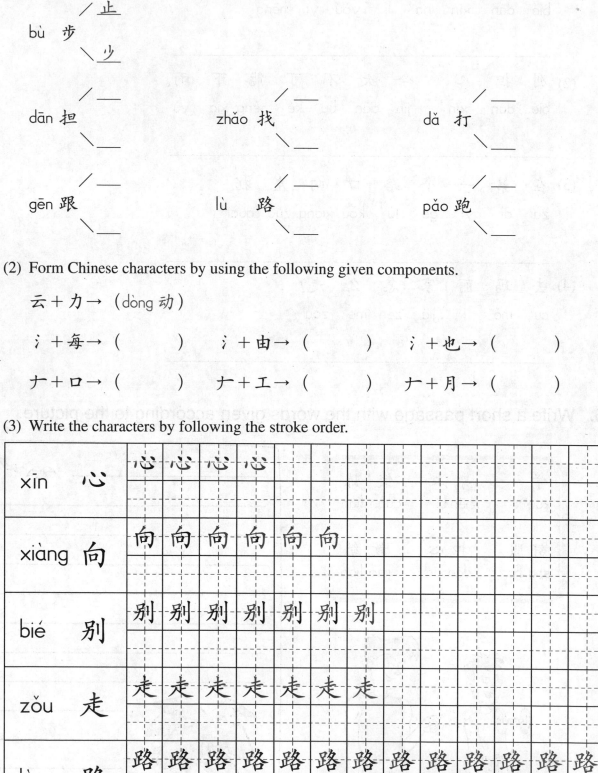

bù 步 ╱ 止
        ╲ 少

dān 担 ╱ ___   zhǎo 找 ╱ ___   dǎ 打 ╱ ___
        ╲ ___   ╲ ___   ╲ ___

gēn 跟 ╱ ___   lù 路 ╱ ___   pǎo 跑 ╱ ___
        ╲ ___   ╲ ___   ╲ ___

(2) Form Chinese characters by using the following given components.

云＋力→（dòng 动）

氵＋每→（　　　）　　氵＋由→（　　　）　　氵＋也→（　　　）

扌＋口→（　　　）　　扌＋工→（　　　）　　扌＋月→（　　　）

(3) Write the characters by following the stroke order.

xīn 心	心 心 心 心										
zǒu 走											
xiàng 向	向 向 向 向 向 向										
bié 别	别 别 别 别 别 别 别										
zǒu 走	走 走 走 走 走 走 走										
lù 路	路 路 路 路 路 路 路 路 路 路 路 路										

35 你 去 哪 儿 度 暑 假
nǐ qù nǎr dù shǔ jià

1. Form words with the characters in the box and add *Pinyin*.

山	暑	路	边
西	体	假	快
凉	海	舒	区
身	服	部	口

(1) ___山区 shānqū___   (2) _____

(3) _____   (4) _____

(5) _____   (6) _____

(7) _____   (8) _____

2. Find the corresponding Chinese for the English.

山	爬	凉快	时间
暑假	海边	要是	游泳池

time   ___时间___   if   _____

cool   _____   climb   _____

seaside   _____   swimming pool _____

mountain   _____   summer vacation _____

3. Give your own answers to the questions.

Example

圣 诞 节 你 经 常 去 哪 儿 度 假?
shèng dàn jié nǐ jīng cháng qù nǎr dù jià

圣 诞 节 我 经 常 去 海 边 度 假。
shèng dàn jié wǒ jīng cháng qù hǎi biān dù jià

(1) 春 节 你 经 常 去 哪 儿 度 假？
chūn jié nǐ jīng cháng qù nǎr dù jià

_____

(2) 周 末 你 经 常 去 哪 儿 度 假？
zhōu mò nǐ jīng cháng qù nǎr dù jià

_____

(3) 暑 假 你 经 常 去 哪 儿 度 假？
shǔ jià nǐ jīng cháng qù nǎr dù jià

_____

(4) 这 个 暑 假 你 打 算 去 哪 儿？
zhè ge shǔ jià nǐ dǎ suan qù nǎr

_____

4. **Complete the following dialogue with the words in the box.**

一起	怎么样	见	不	是	事	去
yì qǐ	zěn me yàng	jiàn	bù	shì	shì	qù

玛 丽：喂，_____ Linda 吗？
mǎ lì wèi ma

Linda：你 好，玛 丽，有 _____
nǐ hǎo mǎ lì yǒu

吗？
ma

玛 丽：星 期 六 我 _____ 爬
mǎ lì xīng qī liù wǒ pá

山，你 去 _____ 去？
shān nǐ qù qù

Linda: 好, 我 们 ＿＿＿＿＿＿ 去。你 打 算 几 点 去?
hǎo wǒ men   qù nǐ dǎ suan jǐ diǎn qù

玛 丽: 早 上 7 点, ＿＿＿＿＿＿?
mǎ lì zǎo shang diǎn

Linda: 行。星 期 六 ＿＿＿＿＿＿ 。
xíng xing qi liù

玛 丽: 星 期 六 见。
mǎ lì xīng qi liù jiàn

5. Translate the following sentences.

林 老 师 去 哪 儿 度 暑 假?
lín lǎo shī qù nǎr dù shǔ jià

Where is Mrs. Lin going to spend the summer vacation?

(1) 今 年 妈 妈 不 去 海 边 度 假。
jīn nián mā ma bú qù hǎi biān dù jià

＿＿＿＿＿＿＿＿＿＿＿＿＿＿＿＿＿＿＿＿＿＿

(2) 王 家 明 非 常 喜 欢 爬 山。
wáng jiā míng fēi cháng xǐ huan pá shān

＿＿＿＿＿＿＿＿＿＿＿＿＿＿＿＿＿＿＿＿＿＿

(3) 西 部 的 天 气 很 凉 快。
xī bù de tiān qì hěn liáng kuài

＿＿＿＿＿＿＿＿＿＿＿＿＿＿＿＿＿＿＿＿＿＿

6. Write a short passage with the words given according to the picture.

暑假 shǔ jià	度 dù	打算 dǎsuan
爬山 páshān	游泳 yóuyǒng	凉快 liángkuai

7. Exercises on Chinese characters.

(1) Identify the components of each of the following Chinese characters.

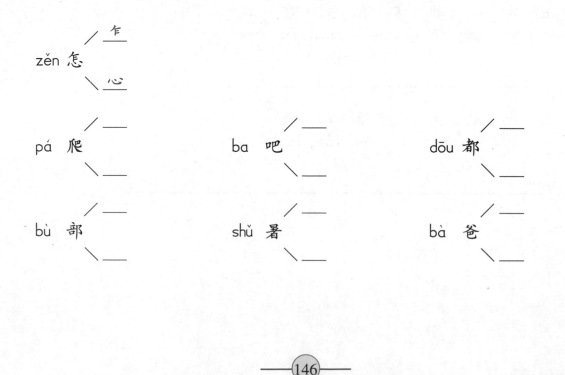

zěn 怎

pá 爬   ba 吧   dōu 都

bù 部   shǔ 暑   bà 爸

(2) Form Chinese characters by using the following given components.

氵＋也→（ chí 池 ）

冫＋京→（　　　）　　冫＋令→（　　　）　　氵＋永→（　　　）

日＋者→（　　　）　　力＋辶→（　　　）　　云＋力→（　　　）

(3) Write the characters by following the stroke order.

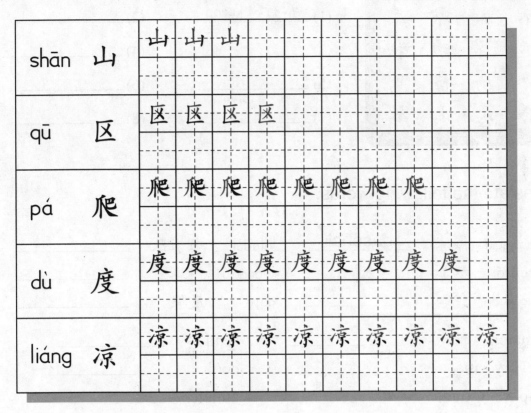

shān 山	山	山	山					
qū 区	区	区	区	区				
pá 爬	爬	爬	爬	爬	爬	爬	爬	爬
dù 度	度	度	度	度	度	度	度	度
liáng 凉	凉	凉	凉	凉	凉	凉	凉	凉

36 运动场上有很多人

yùn dòng chǎng shang yǒu hěn duō rén

1. Form words with the characters in the box and add *Pinyin*.

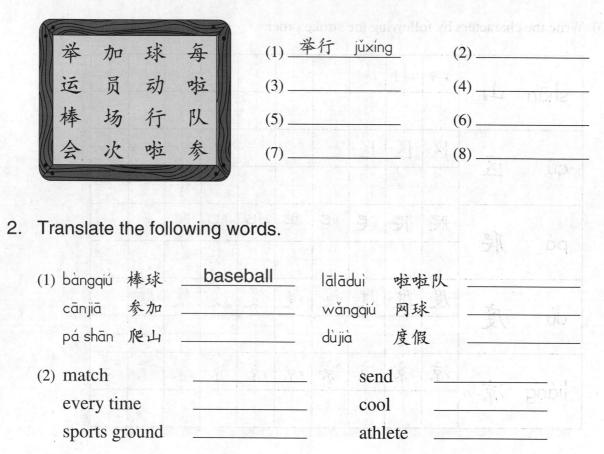

举	加	球	每
运	员	动	啦
棒	场	行	队
会	次	啦	参

(1) __举行 jǔxíng__   (2) _____

(3) _____   (4) _____

(5) _____   (6) _____

(7) _____   (8) _____

2. Translate the following words.

(1) bàngqiú 棒球 __baseball__   lālāduì 啦啦队 _____

   cānjiā 参加 _____   wǎngqiú 网球 _____

   pá shān 爬山 _____   dùjià 度假 _____

(2) match   _____   send   _____

   every time   _____   cool   _____

   sports ground   _____   athlete   _____

3. Complete the crossword of *Pinyin*.

西部   参加   运动
xī bù cān jiā yùndòng

举行   爬山
jǔ xíng páshān

—148—

4. Choose the correct responses.

你 哪 儿 疼?
nǐ nǎr téng

我 的 牙 有 点 儿 疼。
wǒ de yá yǒu diǎnr téng

◆ 我 的 腿 不 舒 服。
wǒ de tuǐ bù shū fu

◆ 我 的 牙 有 点 儿 疼。
wǒ de yá yǒu diǎnr téng

(1) 你 哪 儿 不 舒 服?
nǐ nǎr bù shū fu

_____

◆ 我 的 身 体 不 舒 服。
wǒ de shēn tǐ bù shū fu

◆ 我 的 肚 子 不 舒 服。
wǒ de dù zi bù shū fu

(2) 哪 一 个 人 是 王 家 明?
nǎ yí gè rén shì wáng jiā míng

_____

◆ 左 边 第 一 个 是 王 家 明。
zuǒ bian dì yī gè shì wáng jiā míng

◆ 左 边 一 个 人 是 王 家 明。
zuǒ bian yí gè rén shì wáng jiā míng

(3) 去 游 泳 池 怎 么 走?
qù yóu yǒng chí zěn me zǒu

◆ 游 泳 池 在 学 校 的 南 边。
yóu yǒng chí zài xué xiào de nán bian

◆ 向 西 走, 在 路 口 向 左 拐。
xiàng xī zǒu zài lù kǒu xiàng zuǒ guǎi

(4) 你 喜 欢 什 么 运 动?
nǐ xǐ huan shén me yùn dòng

◆ 我 喜 欢 打 棒 球。
wǒ xǐ huan dǎ bàng qiú

◆ 我 不 喜 欢 打 网 球。
wǒ bù xǐ huan dǎ wǎng qiú

(5) 暑 假 你 去 哪 儿 度 假?
shǔ jià nǐ qù nǎr dù jià

◆ 暑 假 我 去 爬 山。
shǔ jià wǒ qù pá shān

◆ 暑 假 我 去 山 区 度 假。
shǔ jià wǒ qù shān qū dù jià

5. Translate the following sentences.

Example

王 家 明 打 算 参 加 学 校 的 运 动 会。
wáng jiā míng dǎ suan cān jiā xué xiào de yùn dòng huì

Wang Jiaming intends to take part in the school's sports meet.

(1) 杰 克 参 加 棒 球 比 赛 吗?
jié kè cān jiā bàng qiú bǐ sài ma

_____

(2) 我 爸 爸 是 网 球 运 动 员。
wǒ bà ba shì wǎng qiú yùn dòng yuán

_____

(3) 比 赛 的 时 候 他 经 常 得 第 一。
bǐ sài de shí hou tā jīng cháng dé dì yī

_____

6. Write a short passage with the words given according to the picture.

举 行   运 动 会
jǔ xíng   yùn dòng huì

比赛   运 动 员
bǐ sài   yùn dòng yuán

得   第 一
dé   dì yī

7. Exercises on Chinese characters.

(1) Identify the components of each of the following Chinese characters.

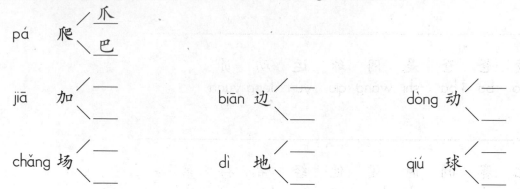

pá 爬 ／ 爪
         ＼ 巴

jiā 加 ／ ——
        ＼ ——

biān 边 ／ ——
         ＼ ——

dòng 动 ／ ——
          ＼ ——

chǎng 场 ／ ——
           ＼ ——

dì 地 ／ ——
       ＼ ——

qiú 球 ／ ——
         ＼ ——

(2) Form Chinese characters by using the following given components.

冫＋京→（liáng 凉）

力＋辶→（   ）   云＋辶→（   ）

口＋贝→（   ）   口＋乞→（   ）

冫＋欠→（   ）   冫＋令→（   ）

(3) Write the characters by following the stroke order.

duì	队	队	队	队	队										
wǎng	网	网	网	网	网	网									
cì	次	次	次	次	次	次									
cān	参	参	参	参	参	参	参	参							
jǔ	举	举	举	举	举	举	举	举	举						
sài	赛	赛	赛	赛	赛	赛	赛	赛	赛	赛	赛	赛	赛	赛	赛

附录

部分练习题答案

1 **你好**

1 (3) T F T F

   (4) hǎo wǒ jiào

3 yue yu ying yun wai wang wu ye

2 **再见**

1 (3) T F T F F T

   (4) lǎoshī nǐ hǎo zàijiàn shàng kè xiànzài xià kè

2 bāo běn pái pào pōu pén mǎi māo móu me mén fǒu fēn

3 **我是王家明**

1 (3) Lín lǎoshī nǐ hǎo nǐmen tóngxué zàijiàn qǐng shuō

4 **谢谢**

1 (3) T F F T F T

   (4) shénme míngzi nǐ hǎo zàijiàn nǐmen tāmen

2 dèn duō děi tā tuō tēi ná nèn nuò nèi lā luó lèi

5 **她们是学生吗**

1 (3) zàijiàn ma lǎoshī xièxie xuésheng tóngxué xiàozhǎng

2 dōu diǎ duì tài tōu tuì nài nín lái lóu lín liǎ

6 **他们是我的朋友**

1 (3) T T F F F T

2 guó gùn kū kuò kǔn hū huò hùn jù juān qù quān xǔ xuān

7 **他是谁**

1 (3) jiàoliàn gǎnlǎnqiú lánqiú péngyou lǎoshī zàijiàn

2 zhái zhàn zhōu zhòng

zā	zài	zǎn	zǒu	zòng
chà	chāi	chǎn	chòu	chóng
cā	cǎi	cǎn	còu	cōng
shā	shài	shàn	shòu	
sà	sài	sǎn	sōu	sòng
rǎn	ròu	róng		

7 (1) 打5　谁10　字6　明8　橄15　榄13

8　谁是你的好朋友

1 (3) Hànyǔ　Fǎyǔ　péngyou　jiàoliàn　lánqiú　xuésheng
zàijiàn　xiàozhǎng

2 zhǔn zé zūn chē chǔn cè cūn shě shùn sè sūn rè

7 (1) 校10　长4　有6　汉5　是9　谁10

9　你有几张中文光盘

1 (3) méiyǒu　Zhōngwén　Hànyǔ　Fǎyǔ　lánqiú　jiàoliàn
zàijiàn　shénme

2 jūn qiào qún xiǎo xún zhuǎ zhuī zhǒng chuā chuī
chōng shuā shuì ruá ruì róng

4 sān sì wǔ liù qī bā jiǔ shí

8 光5　文4　篮16　球11　打5　张7

10　这是谁的钱包

1 (3) duōshao　　qiánbāo　　guāngpán　　xuésheng
xiàozhǎng　　jiàoliàn　　gǎnlǎnqiú　　bú kèqi

3 (2) 22　(3) 67　(4) 44　(5) 58　(6) 80　(7) 96　(8) 100

7 (1) 多6　给9　再6　朋8　友4　光6

11　祝你生日快乐

1 (3) zhèli　nín hǎo　kuàilè　shēngri　duōshao　qiánbāo

2 T F T F F T F T

7 你 7 叫 5 什 4 么 3 您 11 快 7

12 今天我很高兴

1 (3) yīnyuè yìqǐ jīntiān dàngāo gāoxìng kuàilè

2 T T F T T F F T

7 (1) 听 7 吃 6 音 9 糕 16 橄 15 师 6

13 你多大

2 kāi chē dāngrán Hànyǔ duō dà nǎli míngzi

4 (1) 吃不吃 (2) 打不打

6 (2) wáng → 王 (3) jiào → 教 (4) jiā → 家 (5) lín → 林 (6) nǐ → 你

7 (2) 岁 对 校 你 好 他

14 这是我的狗

3 sān 三 sì 四 wǔ 五 liù 六 qī 七 bā 八 jiǔ 九 shí 十

4 (2) 什么 shénme (3) 学生 xuésheng (4) 当然 dāngrán (5) 名字 míngzi

(6) 漂亮 piàoliang (7) 多大 duō dà (8) 朋友 péngyou

6 (2) dǎ → 打 (3) jiào → 叫 (4) gǒu → 狗 (5) nǐ → 你 (6) lín → 林

7 (2) 都 快 谢 狗

15 你从哪里来

2 (2) 欢迎 (3) 哪里 (4) 教练 (5) 漂亮 (6) 钱包 (7) 法语 (8) 朋友

3 bú duì dǎ qiú Hànyǔ Fǎyǔ shēngri kuàilè dàngāo kèqi

4 (1) 日本 (2) 我家 (3) 我们学校

6 (2) wán → 玩 (3) lái → 来 (4) piào → 漂 (5) gǎn → 橄 (6) yíng → 迎

7 (2) 姓 欢 叫 家

16 我住在柏树街

2 qǐng wèn yí fèn mǎshàng piàoliang shāngdiàn bǐsàbǐng

4 (1) 大卫要一个蛋糕。 (2) 我住在柏树街25号。

6 (2) zài → 在 (3) mǎ → 马 (4) shàng → 上 (5) dào → 到 (6) qù → 去

7 (2) 住 要 请 到 饼 树

17 你家有几口人

2 māo rén zhù gǒu jiějie gēge māma bàba

3 (2) 大 (3) 还 (4) 猫 (5) 妈妈 (6) 姐姐

6 (2) zhè →这 (3) rén →人 (4) mā →妈 (5) māo →猫 (6) nà →那

7 (2) 猫 狗 姐 妈 还 这

18 我爸爸是医生

2 yīshēng kěshì mèimei xǐhuan línjū bàba dìdi gēge

4 (1) 我姓王。 (2) 她从日本来。 (3) 我住在温哥华。 (4) 我家有三口人。

5 (2) yé →爷 (3) dì →弟 (4) jiě →姐 (5) nà →那 (6) dào →到

6 (2) 爸 爷 奶 妈 音 医

19 现在几点

1 qǐchuáng yǒu shì yīshēng bàba māma nǎli gāoxìng

2 生日 现在 哪里 妈妈 爸爸 医生 起床

3 (2) 奶奶 (3) 妹妹 (4) 今天 (5) 现在 (6) 七点 (7) 医生 (8) 起床

6 (2) wǔdiǎn →五点 (3) yīshēng →医生 (4) péngyou →朋友

(5) Hànyǔ →汉语 (6) Zhōngwén →中文

7 (2) 姓 妈 她 起 没 法

20 你每天几点起床

1 shuìjiào zǎoshang wǎnshang tāmen wǒmen xiànzài měi tiān

2 (2) 晚上 (3) 时候 (4) 每天 (5) 早上 (6) 刻

3 (2) 爷爷 (3) 医生 (4) 哪里 (5) 生日 (6) 起床 (7) 光盘 (8) 每天

6 (2) 睡 每 床 天 觉

21 昨天、今天、明天

1 bāyuè Zhōngguó Chūn Jié měi tiān xiànzài qǐchuáng míngtiān

2 明年 圣诞节 春节 天 今天 起床 每年

3 (2) 明天 (3) 睡觉 (4) 中国 (5) 医生 (6) 校长 (7) 光盘 (8) 春节

7 (2) 昨 吃 呢 感 恩 春

22 星期六你干什么

1 xīngqī   diànyǐng   dǎsuan   kěyǐ   shuìjiào   qǐchuáng   zuótiān

2 看 行 跟 干 打算

3 (2)时候   (3)明天   (4)可以   (5)星期   (6)打算   (7)春节   (8)开车

7 (2)睡 现 跟 影

23 今天天气怎么样

1 kěnéng   shàngwǔ   xià yǔ   yǔsǎn   guā fēng   zěnmeyàng   tīng yīnyuè

2 可能 下雨 哪儿 外面 下午 风 星期

3 (2)外面   (3)哪儿   (4)下雨   (5)天气   (6)可能   (7)雨伞   (8)怎么样

7 (2)刮 刻 到 怎 恩 您

24 冬天冷，夏天热

1 zuìjìn   fēicháng   qiūtiān   xiàtiān   xīnnián   chángcháng   juéde

2 节日 常常 冷 热 冬天 夏天 秋天

6 (2)秋 和 热 夏

25 我要二十个饺子

1 (2)鸡蛋 jīdàn   (3)饺子 jiǎozi   (4)秋天 qiūtiān   (5)饮料 yǐnliào

(6)刮风 guā fēng   (7)雨伞 yǔsǎn   (8)电影 diànyǐng

3 喝饮料 hē yǐnliào   打篮球 dǎ lánqiú   学法语 xué Fǎyǔ   不客气 bú kèqi

很高兴 hěn gāoxìng   开车 kāi chē

7 (2)欢 鸡 汤 漂 碗

26 你们家买不买年货

1 (2)东西 dōngxi   (3)礼物 lǐwù   (4)热闹 rènao   (5)收到 shōu dào

(6)因为 yīnwèi   (7)过年 guònián   (8)饺子 jiǎozi

3 吃饺子 chī jiǎozi   过年 guònián   过圣诞节 guò Shèngdàn Jié

要东西 yào dōngxi   下雨 xià yǔ   觉得快乐 juéde kuàilè   非常热闹 fēicháng rènao

7 (2)对 欢 很 行

27 一共多少钱

1 (2) 牛奶 niúnǎi　(3) 面包 miànbāo　(4) 果酱 guǒjiàng　(5) 一共 yígòng

　(6) 口香糖 kǒuxiāngtáng　(7) 别的 biéde

3 (1) 块　(2) 包　(3) 碗　(4) 个　(5) 块

6 (2) 钱　找　块　果

28 你喜欢什么颜色

1 (2) 明亮 míngliàng　(3) 草地 cǎodì　(4) 树木 shùmù　(5) 大海 dàhǎi

　(6) 绿色 lǜsè　(7) 面包 miànbāo　(8) 口香糖 kǒuxiāngtáng

3 (2) 过年 guònián　(3) 在哪里 zài nǎli　(4) 可能下雪 kěnéng xiàxuě

　(5) 一包口香糖 yìbāo kǒuxiāngtáng　(6) 一张光盘 yìzhāng guāngpán

7 (2) 草　蓝　有　树　期　橙

29 穿这件还是穿那件

1 (2) 如果 rúguǒ　(3) 因为 yīnwèi　(4) 不错 búcuò　(5) 还是 háishi

　(6) 裙子 qúnzi　(7) 树木 shùmù　(8) 黑色 hēisè

2 黑色　还是　不错　穿　衣服　草地　橙色

7 (2) 如　妈　奶　配　颜

30 他什么样子

1 (2) 样子 yàngzi　(3) 白色 báisè　(4) 墨镜 mòjìng　(5) 号码 hàomǎ

　(6) 车牌 chēpái　(7) 衣服 yīfu　(8) 树木 shùmù

4 (1) 副　(2) 辆　(3) 盒　(4) 张　(5) 只

5 (1) 我要二十个饺子。　(2) 因为今天下雨。　(3) 一共三十五元。

　(4) 开车的人是女的。　(5) 我的裙子是白色的。

7 (2) 黑　牌　男　墨

31 你哪儿不舒服

1 (2) 问题 wèntí　(3) 检查 jiǎnchá　(4) 舒服 shūfu　(5) 左腿 zuǒ tuǐ

　(6) 吃药 chī yào　(7) 一下 yíxià　(8) 休息 xiūxi

2 (2) 疼　左边　长　腿　药

3 (2) 耳朵　　(3) 嘴　　(4) 肚子　　(5) 腿　　(6) 眼睛　　(1)

　　(7) 鼻子　　(8) 脸　　(9) 手　　(10) 脚

7 (2) 疼　舒　红　绿　题　颜

32 医生，我牙疼

1 (2) 以后 yǐhòu　　(3) 下面 xiàmian　　(4) 糟糕 zāogāo　　(5) 医生 yīshēng

　　(6) 检查 jiǎnchá　　(7) 休息 xiūxi　　(8) 喜欢 xǐhuan

2 (2) 左边　糖　牙　巧克力　第二　第四

7 (2) 糖　槽　糕　颗　物　巧

33 你会游泳吗

1 (2) 要是 yàoshi　　(3) 锻炼 duànliàn　　(4) 经常 jīngcháng　　(5) 时间 shíjiān

　　(6) 游泳 yóuyǒng　　(7) 第三 dì-sān　　(8) 运动 yùndòng

2 (2) 果酱　跑步　游泳　运动　经常　疼

7 (2) 海　泳　经　红

34 去游泳池怎么走

1 (2) 路口 lùkǒu　　(3) 游泳池 yóuyǒngchí　　(4) 运动 yùndòng

　　(5) 怎么 zěnme　　(6) 跑步 pǎobù　　(7) 比萨饼 bǐsàbǐng

2 东　右　等　别担心　锻炼　感恩节　游泳池

7 (2) 海　油　池　右　左　有

35 你去哪儿度暑假

1 (2) 暑假 shǔjià　　(3) 路口 lùkǒu　　(4) 西部 xībù　　(5) 身体 shēntǐ

　　(6) 海边 hǎibiān　　(7) 舒服 shūfu　　(8) 凉快 liángkuai

2 要是　凉快　爬　海边　游泳池　山　暑假

7 (2) 凉　冷　泳　暑　边　动

36 运动场上有很多人

1 (2) 参加 cānjiā　　(3) 棒球 bàngqiú　　(4) 每次 měicì　　(5) 运动员 yùndòngyuán

　　(6) 啦啦队 lālāduì　　(7) 运动会 yùndònghuì　　(8) 运动场 yùndòngchǎng

2 (2) 比赛　送　每次　凉快　运动场　运动员

4 (1) 我的肚子不舒服。　　(2) 左边第一个是王家明。

(3) 向西走，在路口向右拐。　(5) 暑假我去山区度假。

7 (2) 边　运　员　吃　次　冷

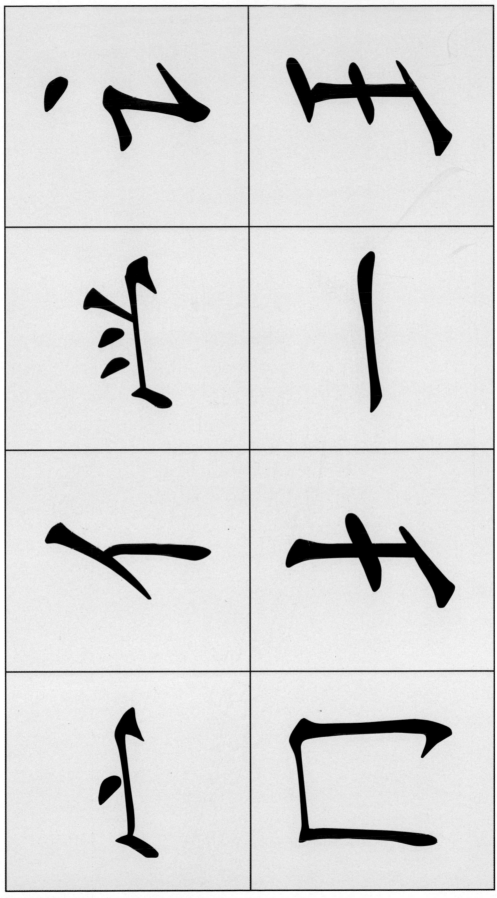

Instruction:
1. Cut each part from the paper.
2. Combine two parts into a character.

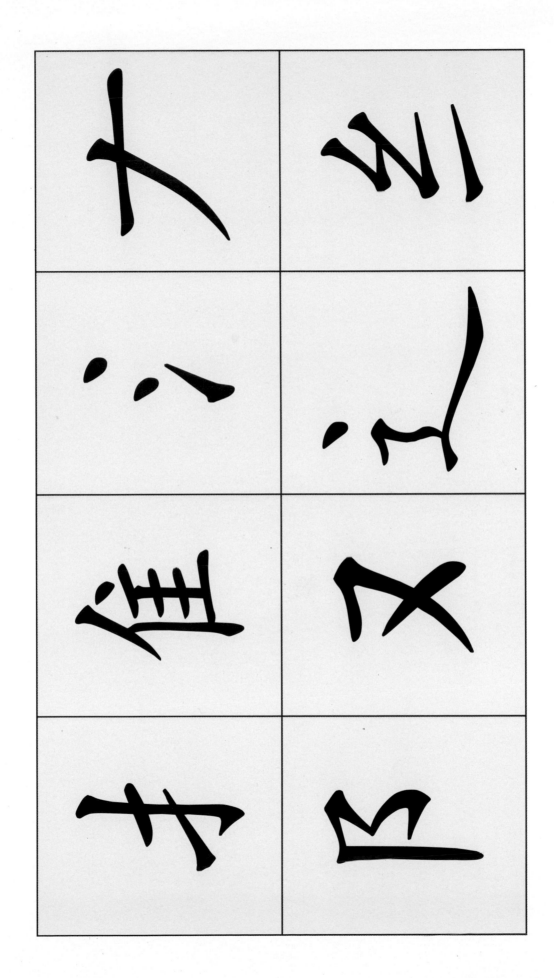

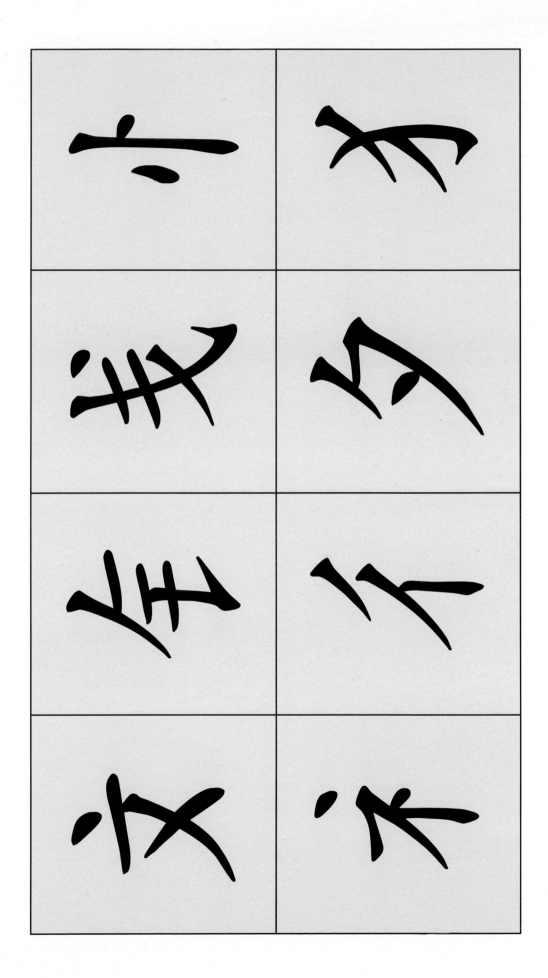

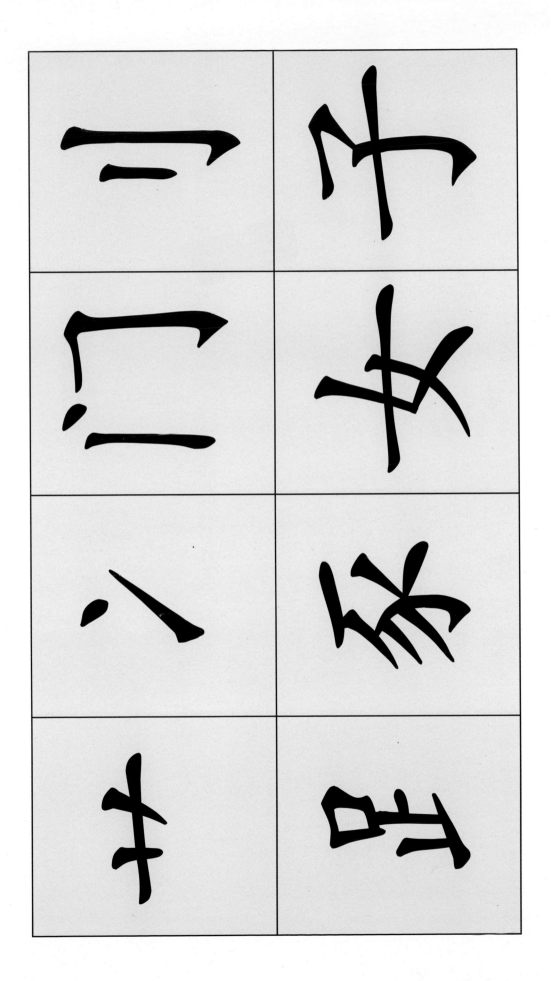

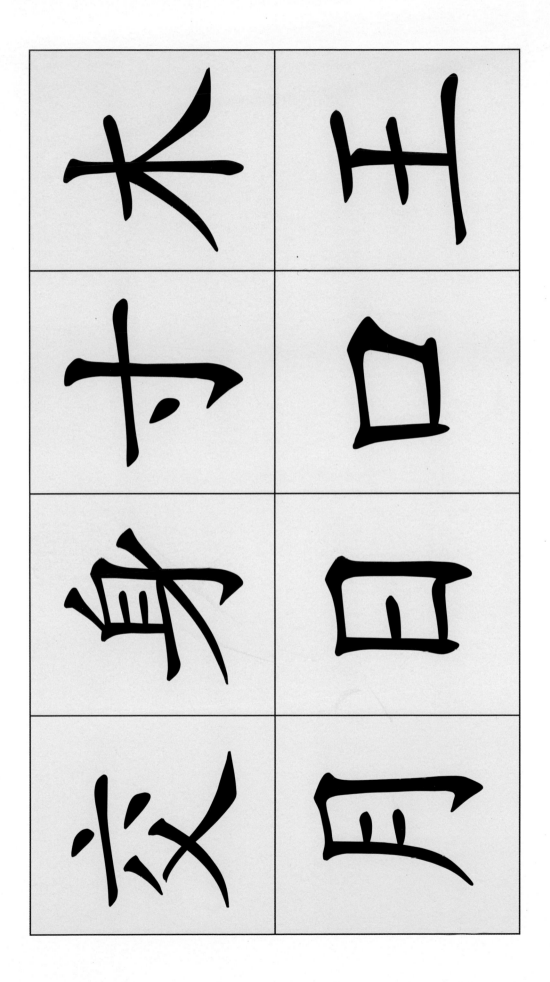

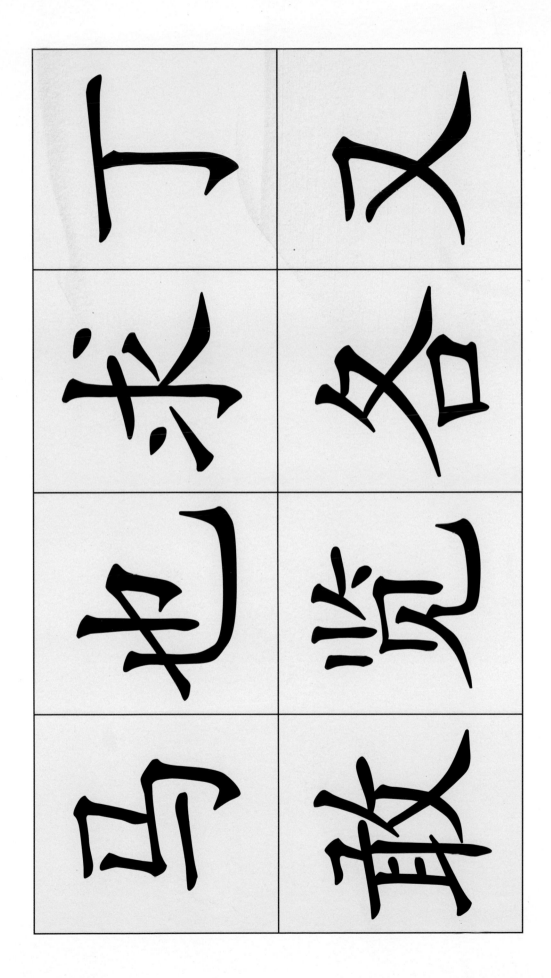

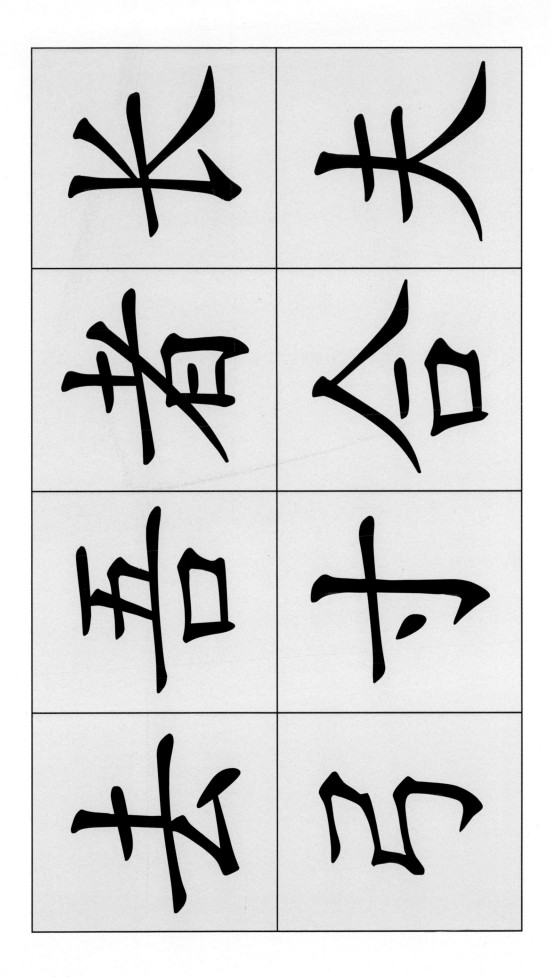

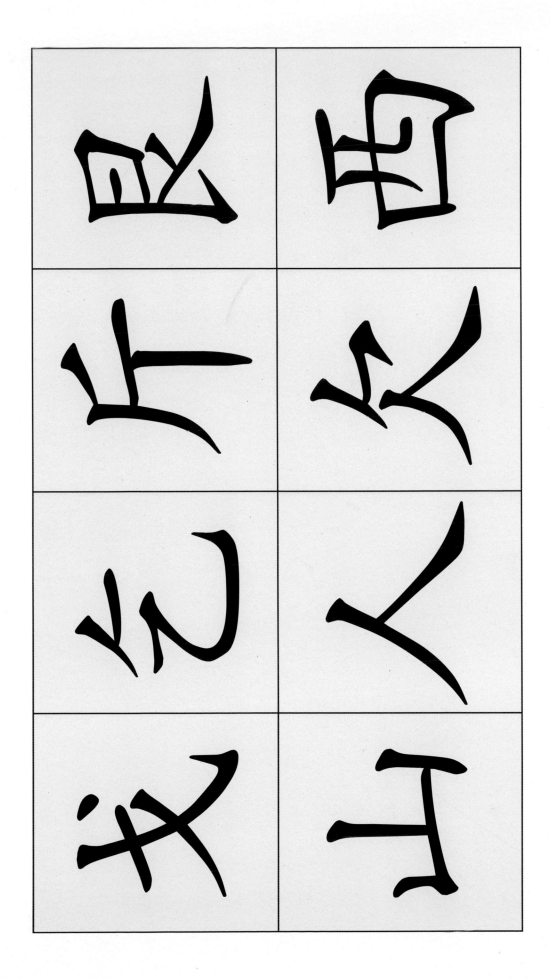

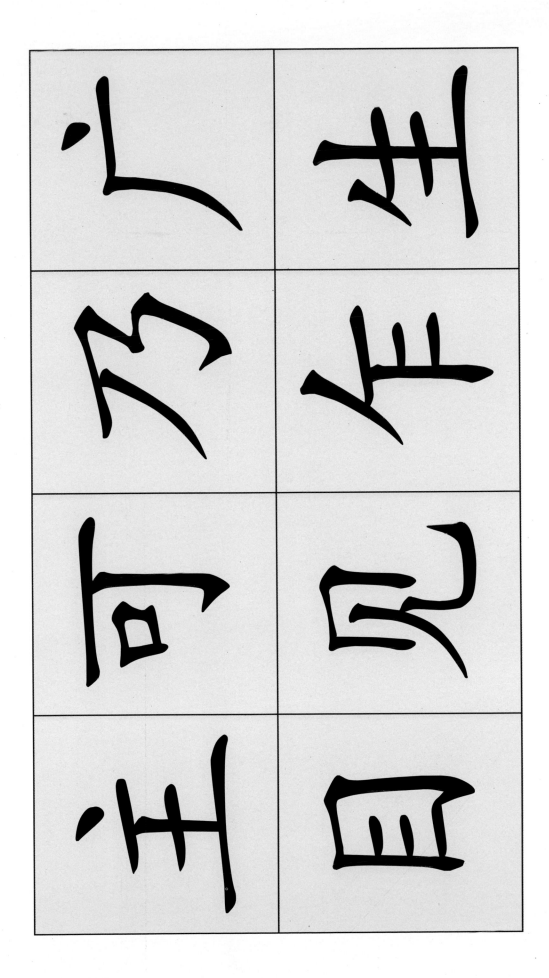